一切的矛盾、对错、好坏
在庄子的世界里都不重要，
“齐物论”正反而言亦是。
就如您在这本书的封面和封底看到的一样。
所以，您在小梁的笔记里看到的
一切矛盾、对错、好坏也是自然的了。

齐物论

梁冬说庄子

梁冬私房笔记

梁冬◎著

SPM 南方出版传媒 广东人民出版社
·广州·

作者序

入戏要深，出戏要快

好事和坏事是同时存在的

我觉得，庄子就是一位达观的、不讲究绝对对错的人。什么是达观呢？庄子告诉我们，一件事情的正面和反面加在一起才是全面，悲观和乐观加在一起才是达观，悲观的时候应该乐观，乐观的时候应该悲观。

怎么判断一个人是悲观的还是乐观的呢？悲观的人是他在眼下生存环境很好的时候也战战兢兢、如履薄冰；

乐观的人在很惨的时候不管是蛰伏还是低头，总是充满生机，顽强不息。巴菲特说，别人贪婪的时候我恐惧，别人恐惧的时候我贪婪。其实说的就是这个意思。

也就是说，世间一切虽然充满不定的变数，但自在源于无常，无常才是常态，无智才是智。

我现在越来越觉得庄子是道家里的孔子，你看他几乎在每一篇里都拿孔子来讲，事实上帮我们还原了一个真正的孔子。起码在庄子的视角里，孔子是一位更达观、更不纠结的人，而且孔子对于人间世的种种人性，是很了解的，而且很洞察。对于人性，他并不那么悲观，而且乐知天命。

从某种程度上来说，庄子做到了孔子后来想明白的事情，而孔子做了很多庄子暗暗想做但又没去做的事。对于这一点，我以前不了解，读《庄子》读多了以后才发现其实庄子是很爱孔子的。钱穆先生也这么认为，他认为基本上来说庄子是道家学派里的儒家，儒家学派里的道家；而爱新觉罗 · 毓鋆老师在解读庄子的时候更是用《大学》和《中庸》的精神来作注解。

在某种程度上，庄子的内心隐隐存在着对做事情的一番羡慕，只不过由于外界的原因导致他最后悟出了一种道，收获了一种超越世间的达观。

《齐物论》本质上讲的就是“道可，道非，常道”这六个字。

具体体现在我们生活中是什么样子呢？我的一位朋友，年轻的时候离了婚，后来一个人把孩子拉扯大，她女儿告诉我，妈妈常说离婚是自己人生中做的唯一正确的事情——好和坏真的要看站在什么层面上讲，有些时候她在跟别人讨论作为一个单身妈妈的经历时，那些闺密、女同伴，或者刚刚认识的女士都会报以某种同情，好像她很悲催。但是当她分享完自己的日常生活以后，居然绝大部分女人都悄悄跟她说，“其实我觉得你真让人羡慕”。

所以，我们很多时候都很难理解好事和坏事之间其实是一个转换，转换的本质就是时间和角度。同样一件事情，或者是任何一件事情，换个时间、换个角度看，它都呈现出我们在世间看到的价值判断的另一面可能性。

我还有一位老朋友，他是很骄傲的人，九十年代上过福布斯富豪榜，是到现在为止为数不多的没进去、没下去、没上去、没出去，而且电话号码还没换的人。那些进去的、下去的、上去的、出去的人，当年也是非常令我们羡慕的人物。所以我们又怎么知道这些进去、下去、出去的结局不是从某人成为富豪榜榜单里的人物那个时候开始的呢？

所以，任何一件事情，你反过来看它，都会让你产生截然相反的感觉，就好比快乐和悲伤的情绪。我们以前总是说，好事隐藏在坏事的里面，坏事隐藏在好事的里面，这其实还是站在好事的角度看坏事，站在坏事的角度看好事，全然没有了解好事和坏事是同时存在的。

我们常常由于自己视野的狭隘，很容易把注意力聚焦在一件事情的好或者坏上面，这其实是人类进化或者人类演化的一个结果。

当我们迅速地对一个人进行好坏分析的时候，就不至于让我们总是处在一种无所适从的状况。就像我们很小的时候就培养出一种看电影的习惯——先不看剧情，也不看里面的矛盾，只看这是好人还是坏人（我们常常问妈妈这个人是好人还是坏人）。我们不知道这是如何形成的，可能是人类的一种自我保护机制。

简单地把事情分成好事坏事，把人分成好人坏人，有助于我们作判断，令我们可以趋利避害。但其实，坏人也有很多好朋友，好人也干了很多龌龊事儿——起码想了很多龌龊事儿，他只是没有胆量、没有机会、没有因缘做坏事而已。

如何判断一件事情的好坏呢

我们对好坏怎么判断呢？一言以蔽之，我们都是世界的一面镜子，这个世界本身就是一体的。我们就像全息照片一样，每一个人经历的每一件事情、每一个状况，都是借由时间和空间的投射，而呈现出来的我们内心价值观的判断的对象，并拥有了非常大的偶然性和片面性。

当我们能够站在一个全息的十方维度来看事情（十方就是上下、前后、左右、过去、未来、生死，生死也可以用阴阳来取代），你就建立起了一种全息视角。

全息视角是我们大部分人所缺乏的一种视角，因为人的眼睛长在鼻子上面，是平着长的，大部分人只能看 180° 的范围；而马的眼睛因为是长在两侧的，所以它就可以看到更宽广的世界；苍蝇就更厉害了，它是复眼，几乎能看到 360° 范围内的物体。

再比如，假设我们的眼睛能同时看二十五个摄像头拍摄的影像，有的摄像头在身体里面，有的摄像头在身体外面，有的摄像头在身体上面，有的摄像头在身体下面，有的摄像头在下一个街角，有的摄像头在你的未来，还有的摄像头在你的过去……，同时聚集在你面前的屏幕上，你会看到什么？这仿佛是大厦保安的视角，当大厦保安看见一个人走进来的时候，他在不同的显示器里面看见这个人的屁股，看见这个人的秃头，看见这个人的脚，看见这个人上二楼，看见这个人拐进了隔壁张阿姨的家……

如果我们能够像保安一样看见世界，问世界问题：你是谁？你从哪里来？你到哪里去？我们就能够从过去、未来、正面、反面、上面、下面，全然地看到一个人的立体图像。这时候，就会产生一种对全然不好不坏的同情。一切尽在不好不坏的淡定中，它不会太好，也不会太坏，如是这般，就是分解成为每一帧每一帧的画面。

在看过这些不同维度之后，你会产生一种“全然感”，这种全然感会帮助我们产生了了分明、如如不动的情绪反应。如果你不站在过去、未来，不站在里面、外面，不站在宏观的、全然的视角看问题，就会一惊一乍，一会儿觉得高兴，一会儿觉得兴奋，一会儿觉得无聊，一会儿又觉得有悬念……。但是如果你能够有机会全方位地把一件事看完，就会产生一种不说话的沉默感，因为你知道故事的剧情会反转、反转、反转……

我们从另外一个角度来看，如果一尊泥菩萨的眼睛已经被装上了摄像头，耳朵也被装上了监听器，而且每一个来跪拜菩萨的人走出去以后都被沿街的摄像头拍下其故事，这些故事全部汇集到“云端”，被中央处理器处理。比如，有人希望儿子成绩能考好，有人希望贪污腐败不要被抓到，有人希望自己赶紧离婚，还可能有人希望自己不离婚等等；同时，又能知道这些希望的背后有着什么真实目的。

也就是说，如果你作为一个人工智能，一个集合了大数据的菩萨，你看到了所有人的诉求，你会怎么办？

如果你看了一千年，你会发现原来所有人祈求的事情归拢起来就二十种，你会怎么办？

如果你看到这些人后来各自的人生结局，有些人放了一百块钱，结果没有达成他的目的，就在心里暗暗地说“这菩萨一点儿都不灵”；还有些人想着先给一些定金，等事成之后再多给一些……。如果这些念头也通过一种无线 Wi-Fi 的方式上传到“云端”，被菩萨接收到，你觉得他会怎么样，会怨恨这个人吗？

如果一百个人里面有九十多个都是类似的想法，那菩萨会怎么样？他最后一定只会做一件事情，就是对他们感到无奈，并觉得很无聊。

菩萨知道这些人其实只不过是未开悟的，还活在自己纠结的世界里面的普通人，他心怀慈悲地想要让这些普通人站在一个更宏观的角度，希望他们不要被自己短时间的诉求所绑架。同时，对于菩萨这样一个与宇宙“连接”的“终端接收器”来说，看到的不仅是人，也许他还能听到虫子，甚至是一个蒲团的声音（你怎么知道一个蒲团没有意识？你怎么知道一根房梁没有意识？你怎么知道一盏灯没有意识？如果它们都拥有了人工智能，并且已经联网，产生一种所谓的“意识”以后，它们都会有自己的语言），他把这些都汇聚起来的时候，就会感受到“诸漏皆苦”——人生的一切欢喜和痛苦背后都是无常的苦——每个人来祈求都是因为他苦，一个特别开心的人是不会来祈求的。

菩萨感受到了每个人在时间、空间，以及周遭关系连接的集合产生的集群效应，他感受到了无聊、无奈，然后保持沉默。最后，他对于世间的无常充满了整体的、全然的了解、洞察和接受。

我们的傲慢就来自于偏见

如果我们能够理解信息被全部采集之后在云端进行大数据处理的这个过程，就像看了无数个显示屏的大厦保安，会产生什么感觉？那肯定是最接近佛性的人，因为他看到了人间所有的梦想、所有的贪婪、所有的愚蠢、所有的悲伤、所有的自以为是、所有的勾心斗角……，最后就会保持一种全然的接受。

这种全然的接受是因为他看到了所有，而且他看见了连接，甚至看到了自己和这个世界的连接（当然也看见了别人和世界的连接），他看见了人和物的连接，就像物联网一样，关键是这些所有的“全然”最后会产生的结果，就是三个字——“整体感”。

这个整体感用庄子的话来说叫“齐物”。所有的情绪波动，都是基于我们对世界认知的思维活动的偏向，是偏见带来的，我们的傲慢就来自于偏见，我们的谦卑来自于真正的对“全象世界”的洞察，这个洞察就叫“般若”（如实认知一切事物和万物本源的智慧），有了般若之后，才会由无奈生出同情，从同情生出愿意帮助大家的愿力。所以智慧和慈悲是并行的，有了智慧和慈悲之后，才会发大愿；有了大愿之后才有大行（大智菩萨是文殊菩萨，大慈大悲菩萨是观世音菩萨，大愿菩萨是地藏王菩萨，大行菩萨是普贤菩萨）。所以文殊菩萨、观音菩萨、地藏王菩萨、普贤菩萨其实不是四个人，是四种不同的“宇宙投影”，而且他们不是简单地从一到二，从二到三，从三到四的次第关系，而是你中有我、我中有你的全然关系。只不过为了方便表述，人们把它表述成四个方面。

因为我们的语言是单向性的，大部分人的头脑运转只接受单向运转，我们的世界观完全受制于我们语言表述的局限，这就是为什么太智慧的人往往会出现一种情况——无语。因为他会语塞，同时有八十句话涌到喉咙，而这八十句话是矛盾的，先说哪句后说哪句？他一下子不知道该怎么办了，所以这叫“戒定慧”。

“戒”是克制自己对某一件事情的执着，或者是克制自己偏狭的角度。我们对钱财很渴望，其实是因为我们偏狭地认为钱可以解决一切问题，这才是我们对财物那么执着的主要原因；我们对爱情有那么强烈的要求，是因为我们害怕自己终将孤独，而大部分人没有接受过孤独的训练，所以很害怕孤独以后无所事事；我们对于生命的执着是因为大部分人没有“死”的经验，所有的经验来自于“生”，而死是我们不知道的事情，于是就产生了恐惧。我们每天晚上入睡，尤其是很多人会睡得很

“死”（完全无知觉的时候），为什么不感到恐惧呢？因为你知道第二天早上还会醒来，所以你就没有担忧了。但你又怎么知道，在人生的大梦过程当中，这一次的死亡不是一场梦呢？你又怎么知道，你现在活着的世间不是另外一个更深层次的梦的一个片段呢？

《齐物论》是《庄子》所有篇目的总纲

我认为《齐物论》是庄子的“宇宙全息论”[①] 的展现。

在《庄子》中，我个人最喜欢的一篇就是《齐物论》，它是《庄子》所有篇目的总纲。没有《齐物论》做基础，你无从了解不生不灭，无从了解不好不坏，无从

---

① 这一概念由当代著名量子物理学家戴维·玻姆（David Joseph Bohm）在《整体性与隐缠序——卷展中的宇宙与意识》一书中提出：“宇宙是一个各部分之间全息关联的统一整体。在宇宙整体中，各子系与系统、系统与宇宙之间全息对应。凡相互对应的部位较之非相互对应的部位，在物质、结构、能量、信息、精神与功能等宇宙要素上相似程度较大。在潜态信息上，子系包含着系统的全部信息，系统包含着宇宙的全部信息。在显态信息上，子系是系统的缩影，系统是宇宙的缩影。”

了解不垢不净，无从了解“其大无外，其小无内”，因为宇宙的任何一个点，都包含了整个宇宙的投影。

只有我们把世界作为信息流的时候，才能够想象，一个硅片那么大的地方，可以容纳整个世界。因为它不仅仅是自己的存储量很大，更重要的是它还可以生发一个链接，一个与云端存储器相连的链接。而每一个受理终端，就是我们每个人；人生的每一个“相”，就是我们经历的每一个片段的相。每一个相都只是一部分，都只代表了本质的一个角度；而另外的部分，就是这个相的“分相”，所以“见诸相非相，即见如来”。

“如来”就是那个事物的本体，从这个角度上来说，好坏、长短、大小、生死、快乐悲伤，全部都是一个整体同时存在的不同面。当你理解这件事情之后，才能说是无好无坏，无生无死，无寿者相。无无明（无明就是阴暗），亦无无明尽（就是连阴暗的尽头也没有）。无老死，亦无老死尽。所以才会有了无苦集灭道，无智亦无得，以无所得故。

以上所有的论述都在一个假设和前提之下，那就是，世界是一个巨大的全息投影，而我们是这个全息投影的一个切片。所以，世界即我——我们是世界的投影，世界也是我们的投影。这个世界是所有人投影的集合，就像互联网只是所有节点的集合一样，这个世界本身是一堆相互投影的集合。所以，我在本书里讲的就是世界是你的投影，你也是世界的投影，而这个互相投影的过程，即我们看世界、看彼此的角度随时会变化。

这也就是《金刚经》里讲的“一切有为法，如梦幻泡影，如露亦如电，应作如是观”；这四句话最后一个字排下来反着看，就是“观电影法”。所以，学会看电影，就学会了看宇宙；把自己活成一部电影，即人间是剧场。总之，入戏要深，出戏要快。

所以人生的真相，就是发现原来大哥也有小烦恼，小人物也有大梦想。天天晚上在微信上微博上对中美关系、货币战争指点江山的人，第二天早上六点钟爬起来在地铁排着 2.5 公里的队去挤公交车，为了一个煎饼果子今天又涨了五毛钱而生气，这就是我们的生活。大部分人是这样，我也是这样。

你要向“论”讨教，向大道讨教。

这仅仅是梁同学的私房笔记，必有各种不究竟，恳请斧正。

梁冬（太安）

2018戊戌年春于自在喜舍

齐物论

目录

第一章 你有没有可能也达到颅内高潮

第二章 不焦虑的活法

第三章 问题本身就是答案

第四章 你怎么知道你和老公不是一个共同生命体的一体两面

第五章 不自由，是因为没有意识到自己被自己的成见蒙蔽了

第六章 艰难人生中最值得拥有的心智模式

第九章 多么痛的领悟——一出“生”就会入“死”

第十章 你不仅仅是你，你还是谁呢

第十一章 是什么在暗暗摧毁我们的人生

第十二章 人生的悲催就是“不知道自己想成为什么样的人”

第十三章 “哥，您多大的人物啊，还为这点儿小事烦恼？”——放松的智慧

第十四章 你每天花多少时间在自己喜欢但无用的事情上

第十五章 每一件事情的付出和回报，总是要盈亏平衡的

第十六章 越读《庄子》，越发现自己无知得可怕

第十七章 世界，由你的愿力决定

第十八章 为什么庄子应该是获诺贝尔物理学奖的文学家

附录

齐物论

我们都是『二货』，
因为我们大多数时候都活在
好坏、对错的二元对立里面。

第一章

你有没有可能也达到颅内高潮

原典

南郭子綦隐机而坐，仰天而嘘，荅焉似丧其耦。颜成子游立侍乎前，曰：『何居乎？形固可使如槁木，而心固可使如死灰乎？今之隐机者，非昔之隐机者也。』

世界是一个完整一体的投影吗

蔡邕在《笔论》中写过“沉密神采，如对至尊”。其实，我的内心一直默默地有种“恐惧”——对于《齐物论》，或有不敢。《齐物论》可以说是解《庄子》的一把至高的钥匙，揭示了“宇宙的本体是什么”。《齐物论》个中的快乐微妙，以及小梁力有不逮所呈现出来的谬误，都会层层地展现在大家的面前。

各位圣贤，如果小梁在对《齐物论》作注解的时候，谬以千里的话，请视为我用自己的无知来向大道致敬的一种尝试吧。“齐物论”这三个字本身就给我们带来了一系列问题：是“物齐”的意思吗？天下是一个整体吗？世界是一个完整的数据包吗？……

南老（南怀瑾老师）在《庄子諵譁》中讲道：“《齐物论》所讲的，是我们人如何从物理世界的束缚中解脱，而到达真正无差别、真平等的那个道体。”

在佛教或者印度教的世界观里，一直存在这样有趣的思考——世界是不是一个完整的一体投影。爱因斯坦终其一生，都想用他的“统一场论”来解释世界。其实，这个问题并不只有爱因斯坦先生讨论过。两千年前的庄周先生，也曾试图去了解世界。**庄子其实是一位现代的超实验话剧设计者，他所设计的道理都是用一个又一个故事，点状展开。**

可以想象一下，你坐在一个实验话剧的观众席上，舞台本来一片黑暗，突然一束灯光射到舞台的某个角落，在这束光里坐着一个人，旁边站着他的学生。《齐物论》的第一个场景就这样展开了。

南郭子綦是谁呢？他是一个很有趣的人物。传说，南郭子綦是楚昭王的弟弟，而且做过楚国的司马。当时的楚国地域辽阔，大概包括今天的湖南省、湖北省，以及四川省的很大一部分。

我认为，当年最有可能统一中国的就是楚国，因为楚文明相当了得，你可以想象出来屈原在写《离骚》时的那种气魄。在很久很久以前，在中国的湖南省、湖北省这片广袤的土地上，涌现出一大批在美学、数学、巫术、制造业等方面相当有建树的人物。只要看一下现在的湖南人，你就知道了。

尽管现在的湖南人经历了多次人口变迁，但这个地方的风水以及环境，决定了会涌现出什么样的人。你见过笨的湖南人吗？你想一想周遭的朋友，有哪一个湖南人不是极聪明、极能干、极厉害的角色？所以你可以想象，当年的楚国，是一群什么样的湖南卫视工作人员的前辈，**他们不仅聪明，还拥有一种霸蛮之力。**

曾经，我看到过一篇文章讲，汉人里面，唯湖南人不一样。**湖南人身上既拥有中国其他地方的人没有的蛮劲儿，又拥有所有中国人身上独有的对灵性和巫术的敏感。**

那么，《庄子》里面提到的南郭子綦是不是历史中的人物呢？未必。庄子不仅仅是一位用心大师，还是一位超级实验话剧的编剧，他可以用意识把历史里面任何一个人物拎出来，投射到舞台上，给他一段剧情，让他表演，为自己所用。

此故事就是这样展开的，啪的一下，灯光点亮了。伴随着悠扬的古琴声，南郭子綦“隐机而坐”，就是他半个身体藏在几案（小茶几，大概三十厘米高）后面，把自己的头仰起来朝向天空。他的背是紧绷着的，下巴朝上，就是“仰天而嘘”。

世间有多种法门

南老曾经在不同的场合讲过嘿、呼、哈、嘘等不同的声音。南郭子綦当时用的是“嘘”法门，嘘不念“xū”而念“hüei”，粤语中“嘘”的发音就是“hüei”。我听过一些老师诵《心经》的时候不是念出来的。持咒需要有共鸣腔，“嘘”那样的声音引发的气脉振动，和“阿”“嗡”完全不一样。如果再配合上不同的动作，以及内在的观想，就形成三个主题旋律的共鸣。你的观想会在脑海里面形成一个形象。你想着太阳照着你和想着月亮照着你，身体反应是不同的。用双手顶着天，双手往外开和双手往里开的时候，双手线条拉扯的部位是不一样的。你把拇指和中指对接、拇指与食指对接，你也可以感到它们共振的频率不一样。

所谓的手印是有法门的。有一位多年做佛教绘画的老师说过，普贤菩萨、观世音菩萨和文殊菩萨的手印都不一样，就是因为每个手印都要结合不同的观想和不同的声音。三位一体会形成一种强共鸣，宇宙就是靠能量波的共振来完成传递的。

南郭子綦用了这样一个导引术，尽可能把自己身体的正面拉得很长。你想象得出来吗？当他仰面向天的时候，整个身体正面是被拉着的，背部肌肉是压缩着的。在这样的身体状态下，嘘声甚至可能会更高，使他的身体调到一个频段上。

南郭子綦开始时很怡然自得。突然，我们看到他出现了很奇怪的状态。他的精神从紧绷的啪一下收缩，就像气球砰的爆了。于是，他“似丧其耦”（耦，匹对）。一刹那间，似乎没有精神与肉体二者（偶）的区别，合而为一，只剩一个纯粹单独的存在。

“你真是一个很二的人。”这还真不是简单的批评，这句话其实很高级。其实，**我们都是“二货”，因为我们大多数时候都活在好坏、对错的二元对立里面。**

我想象着，南郭子綦应该是在某个阳光明媚的下午，让自己的精神和身体达到一种极其敏感的状态之后，啪的一下，整个内在的二元对立就丧失了。

你觉得庄子是不是一个修行人？他是不是运用了导引术的功夫？起码在这一段里，我们看到了他的功夫，看到了他知道该如何接近或者达到“丧其耦”状态的操作要领。当然，八万四千法门，并非只有这一个方法。

能做高人弟子的也不是普通人

“颜成子游立侍乎前”——颜成子游是南郭子綦的学生，姓颜名偃，字子游。这个人也是相当了得的人物，他死后，当时的国君给了他一个谥号，叫“成”。所以，他叫“颜成子游”。

当时，他站在几案旁伺候老师的时候，看见老师“荅焉”，啪一下就停那里“似丧其耦”，顿时被震慑到了。所以，能做高人弟子的也不是普通人。如果老师在这边已经达到颅内高潮了，旁边的学生却说：“老师，你要不要喝杯水？”——会怎样？

很多时候，这些学生表面上以学生的名义站在旁边，其实他们都是高手。有一天，孔子在弹琴的时候，站在他旁边的学生说："老师，我怎么听到您的琴声里面有肃杀之气？"孔子很高兴，因为这就是知音啊。他说："刚才，我看见一只老鼠跑过去。我就在想应该有一只猫把它叼走。"

"发乎情，止乎礼。"念头一起，已经觉察这是不仁，于是便控制住了。没想到，在弹琴的时候，嘣的一声，旁边的弟子就听到了老师琴声里面的杀机。

为什么古人一定要弹琴？周瑜和诸葛亮在对谈中无法用语言表达的时候，都只能在琴声中听出对方的志向、抑郁、愉快等情绪。语言在这样的体验面前，显得非常无力。

回到《庄子》，颜成子游说："咦，老师，今儿您很不一样啊！"你说老师得有多高兴啊！单从这一点就可以证明，他收的学生已经几于道了。

颜成子游问："何居乎？形固可使如槁木，而心固可使如死灰乎？"——到底是怎么回事儿呢？怎么您今天这个状态突然像愣在那儿了，就像那种万念俱灰的感觉？

为什么我们会痛苦？其实是因为我们有妄念。为过去，为现在，为未来，而我们都知道“过去心不可得，现在心不可得，未来心不可得”，万念俱灰在这时具有不起一个妄念的境界。总之，庄子用一个极具精神高潮的情景，为我们打开了《齐物论》的篇章。

齐物论

在全神贯注的时候，
你没有办法去想其他东西，
于是你就活在了当下。

第二章

不焦虑的活法

原典

子綦曰：『偃，不亦善乎，而问之也！今者吾丧我，汝知之乎？女闻人籁而未闻地籁，女闻地籁而未闻天籁夫！』

子游曰：『敢问其方。』

子綦曰：『夫大块噫气，其名为风。是唯无作，作则万窍怒呺。而独不闻之翏翏乎？山林之畏隹，大木百围之窍穴，似鼻，似口，似耳，似枅，似圈，似臼，似洼者，似污者。激者、謞者、叱者、吸者、叫者、譹者、宎者、咬者。前者唱于而随者唱喁，泠风则小和，飘风则大和，厉风济则众窍为虚。而独不见之调调之刁刁乎？』

子游曰：『地籁则众窍是已，人籁则比竹是已，敢问天籁？』

子綦曰：『夫吹万不同，而使其自己也。咸其自取，怒者其谁邪？』

南郭子綦与他的亲学生

南郭子綦通过超级导引术和呼啸术的法门，达到颅内的精神高潮以后，一下子收缩回来。他的学生颜成子游说：“老师，您今天跟往常不一样，打坐打到了新的境界。请问，这是怎么回事儿呢？”

南郭子綦一听学生这么问，很高兴。你知道这是什么感觉吗？就是那种我知道你知道的感觉。他叫了颜成子游一声——“偃”。就跟一般人会叫我“梁太安”，而我的爹妈会叫我“冬”一样。

古时候，不能随便直呼其名，但可以叫他的字。譬如，诸葛亮，字孔明，号卧龙先生。他可以自称为

“亮”，但和他不熟的人或者下属叫“亮”的话，是要被砍头的。也就是说，长辈、熟悉的人或者自己可以称呼名，其他人只能称呼对方的字。

所以，南郭子綦叫他的学生“偃”的时候，充分表达了一刹那间他对学生的疼爱——“偃，不亦善乎。”这些高人都是这样的。佛经中讲道，某位大菩萨袒露右肩，单膝点地，提了个问题。佛陀就说：“善男子（善女子），善哉善哉，你问了一个很好的问题。”

你不问问题的话，我怎么作出回答呢？**老师最寂寞的就是学生似懂非懂，然后问你一些虚头巴脑的问题，没有当下的连接感。**虽然他和学生之间没有用线连着，但他们的“蓝牙”已经连接上了。所以，南郭子綦“下载”的信息，颜成子游感受到了，才会问问题。**你以为学生问问题的时候是他真的不明白吗？这就像你根本就不懂一个问题的话，你一定问不出问题；能问出这个问题，本身就已经代表他隐约明白了。**

不过，**古人在精神上的交流是很高级的。你不问，我就不答；你问了，我也可以不答。**

烦恼是不会没有的，但你可以放下它

“偃，不亦善乎，而问之也！今者吾丧我，汝知之乎？”——今天，那个全然的我，没有了自我、本我、超我的分别，只有一个“吾”来代表所有的我。本我、自我和超我就是弗洛伊德对所谓的“我”的冥想。所有的我今天都没有了，全部合为一个“吾”。

“汝知之乎？”——您知道这一点吗？南郭子綦表扬他的学生，并且说他已经放下了，也就是说他今天参透了。

冯学成老师在《禅说庄子》里面对这一段的描述深深地打动了我。他对庄子的理解，不是停留在逻辑、知识以及考据的层面，而是在体悟的高度。他就认为南郭子綦在这一刹那间大彻大悟、焕然一新。

其实，这个东西并没有那么神秘。如果你在玩赛车游戏的时候，完全投入其中，过了很多关。不管明天要不要考试，老婆是不是在抱怨，儿子是不是在哭，反正你在那个游戏里面已经达到一个状态之后，突然就通关了。那种成就感仿佛是你已经战胜了全国十亿游戏玩家，你明白一切都是假的，而你在游戏里用假的成功获得了真实的快感，多有趣。

当年，一位我尊敬的先生和我说过，他曾经见过一位战场上的将军，当敌人就要攻打上来的时候，他却说要休息一下，一下子就睡着了，一分钟以后就可以醒来。**那种随时可以把世界放下、扔掉，将自己置身于整个世界之外的能力，可以帮助一个人获得解脱。烦恼是不会没有的，只有当你完全觉察不到它，哪怕 0.01 秒完完全全不去想它的时候，也弥足珍贵。**

所以，那些没心没肺，甭管遇到什么事情都能够吃饱睡醒再说的人，都有大福报。**我只有在很少的时刻能**

够达到这种状态，就是跟一些特别聪明的老师在“精神飙车”的时候，在某个刹那间都觉得很好笑，同时哈哈大笑的时候。那一刹那间，“无我相，无寿者相，无人相，见诸相非相”。反正你知道我知道你知道的不言之乐。

真正的答案包裹在体验中

你会发现一件很有意思的事情。**要回答一个问题，你往往不能给出答案，因为答案是不存在的，它被包裹在体验当中。**如果只是一个书面上的答案，那是虚假的，是比喻。世界只不过用这个东西比喻那个，用那个东西再去比喻另一个而已。

南郭子綦说：“我给你讲一讲我到底体验到了什么，但在我讲出答案之前，你得让我把这件事情讲出一个境界。”那么，这个境界是什么呢？

女闻人籁而未闻地籁，女闻地籁而未闻天籁夫！

大家都知道，“籁”是指音乐。有人说，“籁”是上古时期的一种乐器，在这里泛指音乐和音波。

南郭子綦说：“你听过这三个概念吗？”颜成子游当然是知道的，就说“敢问其方”——我终于知道为什么要跟吴伯凡老师和徐文兵老师重新对话。如果没有提问的话，高手会很郁闷，他总不能用自己的左脚踩右脚之后腾空而起吧；你总得给他一个肩膀，让他翻墙而过……

子綦曰：“夫大块噫气，其名为风。是唯无作，作则万窍怒呺。而独不闻之翏翏乎？”

宇宙乾坤天地，被称为“大块”。“大块噫气”的意思就是整个宇宙天地在运转的过程当中，会产生一种韵律感，像呼吸一样。

在大爆炸的过程当中，宇宙是一直在往外扩散的吗？有可能。宇宙向外扩散的过程，类似于血脉在我们身体里面的过程。血在血管里面，不是像长江黄河那样一路向东的，它是前进一点儿又后退一点儿，再前进一点儿又后退一点儿。你在打坐的时候是能感受得到的，它会随着全身所有脏器吐纳频率的共振，进一点儿，退一点儿；再进一点儿，再退一点儿。庄子在那个时候就认为宇宙不是一直膨胀的，它是有节奏的。

对于这种节奏感，我不是很明白。但是，我猜想，庄子通过对自己身体呼吸节奏的体会，感受到了整个宇宙的呼吸。从理论上来说，万事万物都不是向着一个方向运动的，但它一定是在同一个节奏上运动的。

让我们放松下来，体会一下身体的呼吸，你感觉到自己开合的频率了吗？万物一体，你怎么知道你的节奏不是整个宇宙节奏的一部分呢？

我们的身体像是大地的缩影

子綦用他的人肉节拍感应器——呼吸，体会到了大地的节奏。他认为，当大地在伸缩的时候，空气会受到某些压力差的影响，就会出现风。而风吹出来的时候，吹到所有有孔窍的地方，都会发出那种呼啸的声音。

“而独不闻之翏翏乎”——难道你没有听到风吹的声音吗？

这是一段非常优美的排比句。风在整个山谷、树林、河边吹过的时候，和所有孔窍发生了共鸣。“叫者、譹者、宎者、咬者，前者唱于而随者唱喁”，就是风在各个地方吹荡时万物齐鸣的声音。云南有四大景——

风、花、雪、月，风也是云南的一个景致。

大地有风，我们身体里面是不是也有风呢？风者，不定也。有一种人的“风”，是因为痛风导致的，一会儿在这儿，一会儿在那儿。中医关于风有很多描述，从某种程度上来说，痛风不是风症，而是痹症，是风寒湿热等邪气闭阻经络，影响了我们气血的正常运行。比如小梁的痛风，就固定在一个地方。有些人的“风”，表现为周身骨节随处可痛。还有一些人是风疹，不知道一会儿在哪儿痒。得过风疹的朋友都能体会，风吹到哪里，哪里就出疹；一会儿在大腿外侧，一会儿在背上，一会儿又在腹部……

我们身体里面是不是也有因为压力差而带来的风呢？道家讲：“人法地，地法天，天法道，道法自然。”**实际上，我们的身体像是大地的缩影。**讲到天底下的风时，子游说：“地籁则众窍是已，人籁则比竹是已。”“地籁”，就是风在大地上吹的那种呜呜的声音，我们可以感受得到；“人籁”，就是人吹出来的各种箫、埙、笛等的声音。

睡觉是一个节奏的乐章

实际上，人也是有很多孔的。比如说一个人晚上打呼噜，这其实也是一种“人籁”，呼吸——出入于孔窍之间。有过与打呼噜的人共处一室睡眠的人都知道，万物齐鸣，不同的人打呼噜的节奏都不一样。**如果你不是心生怨恨与恐惧，觉得他在吵你睡觉的话，你把他当作一个乐器来看待，你会听到不一样的乐章。**

现在市面上有款APP很有意思，它就只做一件事——晚上启动之后，把你的呼噜声给录下来。很多人都没有听过自己的呼噜声，都不知道原来自己是这样打呼噜的，是三拍，或者是二拍。而且，还有一件很有意思的事，当一个人在打呼噜的时候，是很难把自己吵醒的。同样的分贝，如果是别人打，通常都能把他吵醒。

这启发了一个我对于睡觉的思考，**睡觉很可能是一个有节奏的乐章**。也就是说，我们活在某一个节奏当中，**当你的呼吸节奏和你的呼噜节奏同频的时候，你是听不见的**——这是一个很深的问题，人为什么不会被自己的呼噜声吵醒？

天籁到底是什么样的声音

子游问他师父："地籁和人籁我都明白了。敢问天籁是什么？"

子綦曰："夫吹万不同，而使其自己也。咸其自取，怒者其谁邪？"

我以前读到这一段的时候，会下意识地想，"人籁"是人吹孔窍发出的声音；"地籁"是风吹大地孔窍的声音。那么，"天籁"是不是宇宙的风在整个银河系里的声音呢？

后来我认真读了这段话，发现其实不一定。南郭子綦并没有给出答案，他用一个提问来旁敲侧击地回答什么是“天籁”。他说：“是什么东西令世界发出声音呢？”“怒”在这句话里是“发动”的意思。怒而飞，就是鼓一把劲儿就飞起来了。我发现庄子很喜欢用“怒”这个词。为什么一个文学中年人，对“怒”这个词这么敏感呢？很可能，小梁猜测，它背后是庄子体会过了气机的勃发状态。

齐物论

世界没有偶然，
在更大的层面上来说，
它可能是相互联系的一个整体。

第三章

问题本身就是答案

原典

大知闲闲，小知间间；大言炎炎，小言詹詹。其寐也魂交，其觉也形开。与接为构，日以心斗。缦者，窖者，密者。小恐惴惴，大恐缦缦。其发若机栝，其司是非之谓也；其留如诅盟，其守胜之谓也；其杀若秋冬，以言其日消也；其溺之所为之，不可使复之也；其厌也如缄，以言其老洫也；近死之心，莫使复阳也。喜怒哀乐，虑叹变慹，姚佚启态，乐出虚，蒸成菌。日夜相代乎前，而莫知其所萌。已乎，已乎！旦暮得此，其所由以生乎！

非彼无我，非我无所取。是亦近矣，而不知其所为使。若有真宰，而特不得其眹。可行已信，而不见其形，有情而无形。

百骸、九窍、六藏，赅而存焉，吾谁与为亲？汝皆说之乎？其有私焉？如是皆有为臣妾乎？其臣妾不足以相治乎？其递相为君臣乎？其有真君存焉！如求得其情与不得，无益损乎其真。

一受其成形，不亡以待尽。与物相刃相靡，其行尽如驰而莫之能止，不亦悲乎？终身役役而不见其成功，苶然疲役而不知其所归，可不哀邪！人谓之不死，奚益！其形化，其心与之然，可不谓大哀乎？人之生也，固若是芒乎？其我独芒，而人亦有不芒者乎？

睡觉时思前想后的那些人

庄子在后面提出了“大知闲闲，小知间间；大言炎炎，小言詹詹。其寐也魂交，其觉也形开。与接为构，日以心斗”。这段话太复杂，一个一个字讲的话，很容易陷进去。我大致跟大家分享一下它的意思。

这段话说的是，有大智慧的人说话时悠闲自若，而有小智慧的人则会跟你斤斤计较。**有大气魄的人说话时气势凌人，先定一个小目标，或者说最少搞个一千亿的公司。说大话的人，气势凌人，真的是因为他在格局和心量上就是这么看的。**说小话、闲话的人，则会喋喋不已。这些人在睡觉的时候思前想后，醒来的时候又坐立不安。所以，不应该念“其觉（jiào）也形开”，这个字应该念“其觉（jué）也形开”。“其寐也魂交”，是指在梦里面，魂魄打得厉害，各种纠缠；听到一点儿故事，就把自己的想象力发挥出来，彻夜不能眠。即使睡会儿觉，也是噩梦连连，能把自己吓得半死。

当他醒来时，“形开”——形体很不宁静。所以**这种人睡觉的时候思前想后，醒来时坐立不安，待人接物的时候钩心斗角。他们有些时候显得慢条斯理，有些时候故作深沉，有些时候谨小慎微；在面对小恐惧的时候忐忑不安，面对大恐惧的时候失魂落魄。**有的时候，他们出言就像剑一样，似乎可以出奇制胜；有的时候，说话又发各种对赌协议，订立各种誓约和盟约……这段话其实讲到了很多种人，以及不同的状况。

然后，子游说：“旦暮得此，其所由以生乎？”这是种种人间的情绪状态，日夜交换不已。但是，它是怎么发生的呢？为什么庄子在前面讲完天籁之后，突然接了这么一段人世间各种人情的状况呢？

这和“天籁”有什么关系呢？

万事万物是普遍相连的

庄子想讲的是，**大地上的各种风声，呈现出来的各种形貌，和我们作为人呈现出来的各种情绪，其实可能都是一件事儿**——“人法地”，可能是同一个东西，导致我们人有各种情绪的变化，导致大地有各种风花雪月。

他用一个问题说，**“是什么令它发生的呢”**？

问到这第二段的时候，我已经隐约感到南郭子綦说的所谓的“天籁”，并不像我们听见的“人籁”和“地籁”那样是有形的；**而所谓的“天籁”，可能是导致“人籁”和“地籁”得以呈现的背后统一的力量。**

《黄帝内经》里面讲“上古天真”，也讲“四季调神大论”，其实都在讲一件事情，就是**人的情绪、身体状况与环境、气候和节气的变化，都是一个“程序”所呈现出来的不同的相。**

那么，是什么在背后做这样一个统一的主导呢？为什么颜成子游要问这个问题？为什么南郭子綦要用这两个提问来作出回答？南郭子綦已经在暗示一件事情：**我们要去理解，背后令这一切发生的原因是，万事万物是普遍相连的。**

你怎么会知道，特朗普的出现、“萨德”事件、朴槿惠的“干政门”事件、台湾的种种事件、香港的“占中”、香港的警察被判刑、曾荫权被廉政公署抓起来，还有南海事件以及东南亚各国的一些事件，这些看似不相关的事件，它们背后会不会有一件同样的事情在令它们发生呢？

如果我们能够把这样一些分散的事件联系起来，看到它们背后同样的逻辑的话——请允许我用“逻辑”这个词，其实这个词不太接近——我们就能够对很多事情产生真正的洞察。

世界没有偶然，在更大的层面上来说，它可能是相互联系的一个整体。如果晚上你睡不好，久久不能入睡，你可以去探寻背后令你的情绪、思绪反复统一的力量是什么。当我们谈到这里的时候，渐渐地已经开始要接触到《齐物论》的背后了。

不断用追问来回答问题

颜成子游问南郭子綦："什么是天籁？"南郭子綦说："我没有办法马上回答你什么是天籁。我来问你几个问题。第一个问题是，是什么令世界的风在吹？第二个问题是，是什么令人世间出现种种百态人物？"

境界低一点儿的小朋友，听到老师不断用追问而不是答案来回答他的时候，一般都会有点儿崩溃。其实，苏格拉底就是这样，他通常不用答案而是用提问来回答别人提出的问题，**用问题来不断逼近这件事情可能的真实答案。于是，提出问题本身就已经是答案了。**

除了写作以外，彼得·德鲁克的工作就是作为管理咨询大师，为客户提供咨询方案。杰克·韦尔奇和比尔·盖茨都是他的客户。每当客户去找彼得·德鲁克的时候，他总是用一系列问题来回答他们的咨询。用问题而不是答案去回答别人提出的问题，这件事情本身，就是一种有趣的相对论。

真正统领着公司行为的，不是老板

南郭子綦觉得不过瘾，难得达到颅内高潮，也难得被学生问到这个问题。于是，他再继续提问："非彼无我，非我无所取。"大概"彼"指的是自然的种种情态，也可能是相对"吾"——我之外的东西。没有它们则不是它们，就没有我。如果不是我，我也无法在它们那里体现出来。这句话看起来有点儿绕，具有典型的禅宗风格。其实，意思就是我同与我对立的人是一回事儿，我和我所处的环境是一体的，分不出我和我们、我和他以及我和你。

然后，他提出一个关于我们身体很有趣的问题："百骸、九窍、六藏，赅而存焉，吾谁与为亲？汝皆说之乎？其有私焉？如是皆有为臣妾乎？其臣妾不足以相治乎？其递相为君臣乎？其有真君存焉！”什么意思？南郭子綦说：“我们身体里面有一个体系，有骨头、肌肉和内脏。我应该跟谁更亲密一点儿呢？谁是谁的领导呢？谁又是谁的大臣呢？”

我们总以为某个脏器是其他脏器的老板，比如心脏或者大脑管着全身。南郭子綦却认为可能**所有脏器彼此之间是相互作用的关系，统领着每个脏器的分工合作，而不是某个脏器决定其他脏器的运行。**

我看到过一句话，讲得特别好：**“当老板不在公司的时候，员工有问题的话该听谁的？其实，该听大家认同的价值观。”**

六年前，我对正安的同事说：“如果一位病人来看病，但出现一些问题，你们该怎样解决？”同事说：“我们应该对这类问题这样解决，那类问题那样解决。”我说：“可以制定一些行动指引纲要，但是，我们一定要记得‘老吾老以及人之老，幼吾幼以及人之幼’。”

只要想想假如这位病人是你的父亲，当他面对这样的问题时，你希望正安能够做什么，应该做什么？如果这位病人是你的姑妈或者你的孩子，你会怎么处理？就按照你想好的办法去做就行。

在一个公司里面，需要一些东西**真正统领这个公司的发展，不是老板，不是投资人，不是主管，而是大家共同的信念和共同的价值观，而这些恰恰是彼此作用之后的产物。**

不理解背后的逻辑，再努力都没有意义

如果能够理解彼此的关系决定着每个人的角色时，你就会跳出对某个角色特别看重而忽视其他角色的执念了。

对于身体的器官，我们不知道它们到底有什么作用。以前，很多人都说扁桃体没有用，认为它就是用来发炎的，导致有人在年轻时把扁桃体给割掉了。结果，扁桃体是不会发炎了，但各种免疫性疾病随之而来；很多人都说盲肠没有作用，也是用来发炎的，有些人早早就把盲肠给割了，后来却发现盲肠也是有用的。

在我们身体里面，没有哪个器官是没有用的。因为

它们都是在整个网状结构里面相互发生作用的通路和上传下载的节点。

南郭子綦顺着身体的话题继续往下说："世人一旦禀受成为形体，就是一种面向死亡的存在——所谓的出生就会入死。如果我们总是在这个过程当中与人斗来斗去，整日奔波而不歇息，难道不是很悲哀吗？一生忙忙碌碌，也不见得有什么结果。一辈子劳顿困乏也不知道自己的归宿，这不是很可悲吗？这样的人生有什么价值呢？人的形体会渐渐地衰老，而人的心灵也可能会衰老，这难道不是最大的悲哀吗？人生在世都是这样迷茫无知吗？还是只有我迷茫而人家还不到迷茫的地步呢？"

南郭子綦又提出以上一连串问题。我仿佛听到了南郭子綦的隐性台词——**我们总在做很多支离破碎的事情。不管多努力，如果只做这些事情而不理解背后的逻辑和道理的话，其实很没有意义。**

一天晚上回到家，我看到儿子在背单词，并且需要造句。我想，这么小的孩子就要去学习并背那么多单词实在太没意义了。于是，我就打开百度，直接输入一个单词。从显示器上立刻就能够看到这个单词的含义、发音和造句。当时，我儿子乐疯了。他看到这里有现成的内容，就马上抄了起来。

也许很多人都不理解，作为父亲，我为什么会让他去抄这些网络上的英文单词以及造句呢？其实，这就像南郭子綦说的，我们营营苟苟地去追求造句、追求成功，有什么意义呢——如果你不知道背后逻辑的话。

我对儿子说："很快，你就不需要背单词了。你说的中文会被直接翻译成英文。为什么你还要背英文单词？"我儿子惊讶地说："真的吗？真的不用学吗？"

我说："**学英文的目的不是背单词，而是让你知道世界上有一些人是用这种方式说话的。**因为他们是这样说话的，所以他们的思考方式跟你的不一样。你需要理解的是世界上很多人思考问题的方式和你的就是不一样。比如，你需要帮忙吗？在英文中的表达就是'May I help you'或者'Can I help you'。为什么说中文的时候是'你需要帮忙吗'，说英文的时候却是'我能帮助你什么'？为什么说'May I have your attention, please'——我能够得到你的注意吗？而不是说“各位乘客，请注意！”这些都是因为在英文中句子的主语和宾语，和中文里面主语和宾语之间思考的方式不一样。”

我儿子本来以为在网上找到造好的句子就可以把作业做完了，却发现有一个比背单词更让他恐惧的爹。在我跟他嘚吧嘚讲很多学英语背后的逻辑动力时，他有点儿茫然。不过，我坚持地告诉他：“**学英文是为了让你理解世界上有不同的思考方式，学数学是让你知道等号的左边要等于等号的右边，是关于逻辑思维的训练。**这才是你真正需要理解的。明白吗？”他就沉默了。但是，我依然很执着地把结论告诉他。

这个情景，就像颜成子游和南郭子綦对话的时候，南郭子綦反复地问人为什么一定要去做这些事情呢？为什么一定要很努力地追求成功，这到底有没有意义呢？其实，他一直在讲做事情不重要，重要的是在做事情的过程当中体会到的道统。我们可以理解为，**背单词不重要，重要的是明白世界上有一些人的思维方式跟你的不一样，因此你就不再会抱怨别人为什么和你不一样。**

纷繁世界背后的道统

从本质上来说，**人类产生的很多冲突都是由于彼此价值观不一样导致的，与大家都不能够真正发自内心地理解别人跟自己不一样有关。**如果一个佛教徒真正潜心地读《圣经》的话，他一定会发现，里面许多内容与佛经讲的都是相通的道理，只不过要用不同的方式去印证最后不变的核心而已。

现在，每天都会产生很多知识和新闻。如果不能够理解其背后不变的逻辑，我们就会陷入南郭子綦和我们探讨的人生状况里，各种悲催、不靠谱、努力艰辛之后的无意义。

所谓《齐物论》，就是讲纷繁世界背后的统一法则。日本有棋道、书道、花道等，每件事情似乎都有这样一句话或者潜台词；做一件事本身，就是为了向背后的道致敬，向统一的规则和真相致敬。世界总是很纷繁复杂的，有各色各样的人，有各色各样的脏器，但他（它）们都被那个东西统治着，我们称之为“道统”。

只有理解“道统”的不变之后，再去看各种事物的变化，才能够拥有一种行至水穷处，坐看云起时的淡定。因为“道统”有自己的起伏，有“大块噫气”。

如果你有一天隐隐约约觉得，自己做的事情符合某种背后真正的规律时，就会发现念头一闪，这件事儿就会出现，并不是你的念头导致这件事儿出现，而是你的念头和这件事儿的出现基于同一个节奏。

你经历过这样的生活场景吗？当你在心里想着一首歌的时候，跟你同频共振的一个人竟然就唱出来了。有人把这种现象解释为“量子纠缠”——只是一个频率在两个乐器上的呈现。**你的想法和他的唱出来不是因果关系，而是相关的并列关系。你想了，他唱了，令你们同**

时这样表现的背后的那个东西正是“道统”。

越处在一个变化多端的时代，越需要我们静下心来，去体会后面的“道统”，这样才能慢慢地接近颜成子游问的“天籁”。

齐物论

你有没有想过，
也许我们每天看见的不同的人、不同的事、不同的情景，
只不过是我们通过不同摄影机拍出来的一个片段？

第四章

你怎么知道你和老公不是一个共同生命体的一体两面

原典

夫随其成心而师之，谁独且无师乎？奚必知代而心自取者有之？愚者与有焉！未成乎心而有是非，是今日适越而昔至也。是以无有为有。无有为有，虽有神禹且不能知，吾独且奈何哉！

夫言非吹也。言者有言，其所言者特未定也。果有言邪？其未尝有言邪？其以为异于鷇音，亦有辩乎？其无辩乎？

去观察自己生灭的念头

曾经，我去尼泊尔参加过明就仁波切关于“开心禅”的旁听。他讲的是一个人如何学禅的过程。他认为，我们对于禅有着很大的误会——一定要控制住自己的念头，什么都不去想。我猜测是这样的状态：紧紧地捏住自己，好像被牢牢捏住脖子；脖子被扎住之后，念头就升不起了。

他说所谓“禅”最重要之处，就是学会去观察自己生灭的念头。观察自己的念头，不控制它，不拒绝它，只是“看到”自己念头的生灭。我们都知道，佛学把这个东西称为“观”。我认为“观”不仅仅是看，还是全然的觉察。

我在北京广播学院（已更名为中国传媒大学）上大学的时候，修过一门课——数镜头，是为了成为一个好的导演而做的预备练习。

上课的时候，老师让我们随便点开一段视频短片，比如一条三十秒的汽车广告，一会儿是一个车灯的特写，一会儿是一个轮子快速转动的特写，一会儿是一个远距离的镜头——一辆车在山峦之间呼啸而过，一会儿是男主角深情地看着旁边的女主角，女主角含情脉脉地把手搭到男主角的腿上。关键时刻，出现关键镜头——此品牌汽车的logo。

老师却让我们做一个练习，先把声音关掉，再去数一共有多少个镜头。开始的时候，我们通常会跟不上节奏，三十秒的一个短片，还没看过来，就播完了。但是，当我们看过这个片段很多次之后，我们学会了一个一个地数，就发现甚至不到一秒钟就会闪过一个镜头。

为什么现在觉得这件事情对我来说意义深远呢？因为那天在尼泊尔听明就仁波切讲“观想”的时候，突然意识到一件事情，原来我早就开始做禅定的事情了。只不过那时的方法是看别人拍摄的视频片段。

如果我们闭上眼睛并安静下来，是可以看见自己的念头一个又一个起来的。一些可能是带画面的念头，一些可能只是想法，一些可能是隐隐的味道，还有一些可能是淡淡的情绪……

对于一般人来说，能看到自己在心里面涌现出来的画面，就已经很棒了。但是，如果你能够像一位非常精细的剪辑师或者导演，你看到的就不再是电影，而是一个又一个镜头，听见的是此起彼伏的旋律以及中间乒乒乓乓的音效，你甚至能够“观想”到自己看到这部片子时的情绪反应……

那就开始了一段神奇的人生生命观影之旅。

在睡梦里产生奇妙的洞察力

其实，**很可能庄子和释迦牟尼，以及其他所有花时间做脑内 VR 重演的人，就是白日梦观察者。**如果能够在晚上睡觉的时候，也像白天打坐那样看见自己在梦里面的状态，你就会产生一种很奇妙的洞察力。

首先，你会意识到这些影像是黑白的或者是彩色的。其次，你会意识到它们可能不是线性的图像，而是同时由几个影像叠加起来，甚至是几条故事线中突然闪出一个镜头，一秒钟以后换成另一条故事线的另一个镜头。犹如你在看电视的时候，快速按换台键一样。

对于接收者来说，如果经常练习这样看的话，他并不会精神分裂。因为他看到的是一个完整的、由不同故事线的片段拼接而成的故事。如果你重新变成一个新鲜、清醒、有觉知的人，像看电视那样观看自己内心的种种，觉察到这一刹那间你的影像好像在脑子里面看到的一样。

你也可以觉察到自己的情绪，比如看见一个长得比你丑、比你胖、比你智商低的女人，但她的老公比你的帅、比你的有钱，还对她很好，你能看到自己内心的欢喜（妒忌）吗？一旦觉察到，你就会发现这些视频、音频、味道、情绪，就像一个又一个涌现出来的文件包，突然出现，又突然被删除。

我们思考问题的方式也是有惯性的。**现代人已经习惯于频繁换台，习惯于在微信里面跳转，习惯于阅读穿插在图片中的文字。这些都已构成我们心智模式里面的“共业”。**用庄子的话来说，就是“夫随其成心而师之”。“成心”，就是指心已成为一个成熟的模型。对此，南老的解释是：“各自构成自己意识思想的形态，再拿自己这个意识形态来判断一切，观感一切。”

但是，当你能够清晰地觉察这一切生灭的过程之后，你就会突然产生一种虚无感。因为你会发现，这些东西都是假的，它们忽然就来了，忽然又走了，你完全控制不了它们。如果学会这样的内观方法，慢慢地，我们就会深刻地意识到，这些只不过是一个又一个文件包，它们并不构成对你的真正影响。

我们的情绪反应也是一些基于过往的习性而带来的思维惯性或意识惯性而已。一位资深导演看得多了，他看见的不再是连贯的影像。他会觉得影像与影像之间出现了缝隙，不管多短，即使就像两个影像连在一起，这个缝隙依然存在。

一个有经验的人会在他的心里面逐渐把这个空隙越撑越开，慢慢慢慢地，他的焦点就会进入画面和画面之中没有的状态，那种状态因为太干净了，就像秋高气爽时北京的天空一样，一尘不染，没有波澜，没有杂音，没有声音。

当感受到那个状态的时候，一些人就会变得很安静，因为他们知道世界终将变得无聊。一些人就会变得很真诚，因为他们知道无非就是陪大家玩儿而已，所以就别当真。但是，他可以玩儿得很尽兴。以上就是洞见“空相”以后的两种选择。那种无聊的状态，或许就接近于传说中的“涅槃寂静”。

仅仅是或许。

你可以成为梦里的主人

在本来虚空的过程当中体验类似大家一起在游戏当中或在梦里面玩的场景，叫作“借假修真”。明就仁波切在接受我的访谈时说道：“当晚上昏沉入梦的时候，你仍然清醒地意识到这是梦，你就可以在梦里面让自己飞得很高，让梦里面的剧情发生改变，因为那都是你想象的结果。**你就成为你的主人。**”

白天，你可以让心慢慢慢慢地归附于你，让你成为自己的主人；晚上，你也可以成为梦的主人。**在人世间，我们都是别人的仆人，但对于我们自己而言，我们必须成为自己的主人。这并不是一个决定，而是看见生命的真相后的自然反应。**

不管有钱还是没钱，不管聪明还是愚笨，你都可以让自己像电视系的学生看短片一样，去看自己内在的全息图像。然后，你就会自然而然地生出无中生有、有归于无的慨叹，这就是庄子讲的“*是以无有为有*”。

如果你是凡夫俗子，看到过画面和画面之间的空隙，并且知道那就是宇宙真相的时候，你也不需要再与他人沟通，因为你已经与整个宇宙的洞察者产生共鸣。你和他在用同样的思维模式看待这世间的一切。

庄子讲到这一段的时候，已经清晰地表达出这样的观点：**所谓统一的宇宙并不在身体外面，而在反观内视时看到的镜头与镜头、画面与画面之间的空隙。**当你把这个空隙越盯越大，旁边的那些画面变得越来越模糊的时候，**你就无所畏惧，也无所谓欢喜了。**

以上这些内容小梁也不知道是不是对的。但是，作为一个本科学习电影和电视剪辑的人，我发现原来我在读大学的时候，就已经参与了这种观想的练习。

感谢上苍安排我在大学的时候，有一年的时间每天去拉片子，看镜头。现在用这种方式来回看自己内在的影像，就变得非常熟练。如果愿意练习，你也可以成为这样一个观看到自己内在镜头和镜头之间空隙的生命的主人。

南郭子綦和子游在讨论世界是一个统一的整体吗？如果它是统一的整体，为什么又有千变万化的样子？

麦可·泰波的《全像宇宙投影》中的观点是，我们总认为世界上每个局部连在一起就构成整体。不过，有可能这个想当然的判断也是不够全然的。**有没有可能是每个局部都包含了整体呢？一个东西是由若干个局部构成的，还是由若干个包含整体的小整体构成的？**

我们的心和肝不一样。可是，如果从我们的心脏或者肝脏里面取一个细胞，甚至从头发里面取一个细胞，也许可以在某天完整地长出一个自己。那么，谁是局部？谁又是整体呢？

世界是一重又一重的镜像

我要告诉你一个很奇妙的思维方式——很有可能世界是一重又一重的镜像。此话怎讲?

你可以想象这样的情景:一个大厦里的保安坐在三十台电视机前面,每台电视机都连着一个摄像头。这个时候,有一个人走进了大厦,有一些摄像头拍到他的头顶,有一些摄像头拍到他的脸,有一些摄像头还拍到他的脖子,还有一些摄像头拍到他的屁股。……假如他是这座大厦里的职员,他每天都这样走过来。

保安每天都能从三十个屏幕上看见有一个屁股出现,过了一会儿一个秃顶又出现了。也许保安就会觉得这个屁股和这个秃顶，有某种神秘的相关性，甚至形成因果关系。每次屁股一出现，一分钟之后，秃头就会在另一个屏幕里面出现。保安一定觉得好高兴，他发现了世间因果的一个片段。他完全有理由相信自己是发现世界真相的科学家。

但是，如果你知道其实这只不过是一个人被不同角度的摄像机拍出来的样子，你还会觉得这个屁股前一分钟在一号屏幕上出现，一分钟之后这个秃头在四号屏幕上出现，是有因果关系的吗？你还会觉得这个屁股和那个秃头是两件事情吗？我为什么要问这个问题？**你有没有想过，也许我们每天看见的不同的人、不同的事、不同的情景，只不过是我们通过不同摄影机拍出来的一个片段？其实，只是不同局部的呈现。**如果你大概能理解这种情绪的话，或许我们就有继续讨论《齐物论》的可能了。

两个内在不同的自己

夫言非吹也。言者有言，其所言者特未定也。果有言邪？其未尝有言邪？其以为异于鷇音，亦有辩乎？其无辩乎？

庄子是一个讲故事的人。不过，有些时候，他也要将我们引到一些思辨性的讨论里面。在读这段文字时，我有一点儿读黑格尔哲学书的感觉：每个字都认识，连在一起就不知道他在说什么了。

让我姑且试着翻译一下：人在说话的时候，并不像风在吹。每个人说的话，其实有特定的况味和意义。这不是简单的音调，背后有着信息和意义。但他所说的话，就一定是那个确定的意思吗？不一定。这就像南老讲的："文字言语，只是指导你了解形而上道的，你不可以执着文字言语；如果执着了文字言语，你就糟了。"

在说一段话的时候，人们是真的在说，还是本来这段话离那件事情的意义很远，就跟没说一样呢？他是否确定这段话背后的信息呢？真的是这样吗？真的不是这样吗？你看，庄子在这一刹那间都已经混淆到底是他要站出来说话了，还是借南郭子綦的口在说。总之，他卷起袖子想要说点儿什么，但他又发现一旦这句话说出来就错了，就不是他想说的了。

最典型的例子就是，丈夫刚刚回到家三秒钟，妻子就发脾气，说："你为什么不尊重我的劳动成果？你认为我很容易吗？"其实，她想说的是："麻烦你进门之后把鞋脱了放在鞋柜里面，不要扔在外面。"

我们隐隐约约地觉得很多事情不一样，但又隐隐约约地觉得很多事情之间是紧密关联的。你也不知道它们是有因果关系，还是同一个原因导致的不同结果。

如果它们之间是因果关系的话，那就是一个变量带来的另外一个变量；如果是同一个原因导致的两个结果，这两个结果之间就有相关性，就是一个定量产生出来的两个变量。那么，到底这两种情况之间有什么关系呢？

《齐物论》是一篇很深入的关于哲学的讨论。为什么要问这个问题？庄子在《齐物论》开篇时说“南郭子綦荅焉似丧其耦”，讲的就是**所谓内在的两个不同的“我”，其实是可以合上的。**

共同生命体的一体两面

你怎么知道你和老公不是一个共同生命体的一体两面？你怎么知道你和同班同学不是共同生命体的一体四十面（如果你们班有四十个人的话）？**如果你开始接受原来你们所有的不同只不过是相同东西的不同投影的时候，你还有什么好抱怨的呢？要怪就只能怪背后的共同体。**

《齐物论》试图在两千年前，用一段文字性的描述和思辨，来讨论一个很精微的问题，不要责备对方，因为我们都是 somebody 或者是 nobody 的投影。我们是一件事，这就是《齐物论》想和我们讨论的问题。

庄子实在不知道应该用肯定还是否定的方式来表达，他就用了既肯定又否定，既给结论又提出问题的语境结构，像行为艺术一样表达了对不确定的确定讨论。

齐物论

我们与别人争论一个问题的时候，
只不过是为了刷存在感，
而具体想讨论和说明的问题，
早已经被我们忘在九霄云外。

第五章

不自由，是因为没有意识到自己被自己的成见蒙蔽了

原典

道恶乎隐而有真伪？言恶乎隐而有是非？道恶乎往而不存？言恶乎存而不可？道隐于小成，言隐于荣华。故有儒墨之是非，以是其所非而非其所是。欲是其所非而非其所是，则莫若以明。

假如世间无处不在都是隐形摄像头

如果将一大组摄像头只用来拍摄一个人，之后将拍摄到的内容上传到有许多电视的屏幕上面，你会在不同的电视里面看到此人的不同面。

试想一下，我们每个人，甚至每个有情无情的众生，都是隐形摄像头。这样，一只在厕所里面的苍蝇，把它看到的你上传到了云端服务器；当你从厕所走出来，一株向日葵看见了你，把它眼中的你也上传到了云端服务器。这就像现在的电视真人秀，无论走到哪里都有摄像头跟着你拍，形成了巨大的网络被放在云端……

于是，有可能出现这样的状况：一个人在这个摄像头里面呈现的是美好的样子，在那个摄像头里面呈现的是不那么美好的样子。那么，你可以说这个摄像头里面的人是好人，那个摄像头里面的人是坏人吗？

一个女孩子，被这个摄像头拍出来的是化过妆之后的样子，如花似玉；而那个摄像头可能只是一面镜子，它采集到的视频信号是女孩子把脸凑到摄像头前面挤一颗暗疮，啪的一声，暗疮里面的脓液溅到镜子上面，就像电影《买凶拍人》里面的镜头，脑浆迸射，血丝溅在屏幕上面的场景一样。你可以说这个摄像头里面如花似玉的女孩子是美女，那个摄像头里面的就只有像泥石流暴发似的暗疮？

后台不同维度的丰富信息

若是在微型摄像机面前，那颗暗疮就已经是天崩地陷了。如果不是画面采集而是全息采集，不仅采集视频、音频，还采集那颗暗疮里诸多众生被两根手指强大的力量所裹挟，暗疮被挤出来之后粉身碎骨拍打到镜子上的感觉，以及它们发出的号啕声。它们内在的情绪感受，欢快的、悲伤的、愤怒的情绪都被数字化，也被采集下来。甚至这颗暗疮挤完后，那股隐隐的一个礼拜前烤羊肉串的孜然味道，从这颗挤破的暗疮里被带出，也被记录下来……

你想想看，在后台数据库的数据包里面，拥有怎样维度丰富的信息？如果你用一个方式截取了这一段的数据，你会看到美女的香艳；当你从另外一个片段里面截取到暗疮的时候，你会觉得前面的是好的，后面的是坏的吗？**其实，她就是同一个人，同一个状态。**

庄子在《逍遥游》的开篇讲到大鹏展翅要抟扶摇而上九万里，就是让天下站在游戏规则的外面去看其整体性，这样便无法真正区隔出好坏美丑。

道恶乎隐而有真伪？言恶乎隐而有是非？道恶乎往而不存？言恶乎存而不可？道隐于小成，言隐于荣华。故有儒墨之是非，以是其所非而非其所是。欲是其所非而非其所是，则莫若以明。

这段话大概的意思就是：道被什么东西隐蔽了，而有了所谓的真和假的区别；语言被什么东西遮蔽了，而有了是和非的区别。**我们执着于区分真假是非，主要是因为道的本体——原始的在云端的全息数据包，被我们既往的心智模式所蒙蔽了。**

言语被华丽的辞藻所覆盖，也就有了儒家和墨家关于你对还是我对，到底今天是去我家还是去你家的争辩。因为没有一种整体感，我们产生了分别心，所以我肯定你所否定的，而否定你所肯定的；我的敌人就是你的朋友，你的朋友就是我的敌人……

你的世界观蒙蔽了你的世界

有时候，我们明明赞同一件事，结果有人提出一个和我们差不多的观点，我们就要说点儿跟他不一样的，否则怎么显得比他高级、聪明呢？通常，**我们与别人争论一个问题的时候，只不过是为了刷存在感。**而具体想讨论和说明的问题，早已经被我们忘在九霄云外。

用庄子的话来说，所谓的大道，就是隐形在背后没有图像、没有声音、没有形成好坏的“数据包”。但是，**我们却因为自己内在的意识、习惯、心智模式、看问题的角度，选取了整个大道所幻化出来的其中一个小片段，然后得出某种自己的判断。**

比如，一个孕妇会发现满大街的人都腆着肚子，一个背着LV包的人会发现满大街的人都挎着LV包，一个戴眼镜的人会发现每个人都戴眼镜，甚至有些人并不近视却还戴着一副镜框……

你用你的世界观形成一个看世界的特殊角度，然后你再看什么都是那个东西。

庄子说："为什么大道会被那些所谓真伪，也就是真的还是假的观念所隐藏呢？为什么真理往往被'我的还是你的，好的还是坏的'这类概念所蒙蔽呢？到底什么东西是真的呢？到底什么东西是假的呢？"

为什么我们要提这个问题？**因为我们在世间的种种不快乐，都是由于我们没有意识到我们被自己的"成见"所蒙蔽。**

之前，苹果公司推出一款红色的iPhone 7。有些人就说："哇！这是针对中国市场推出来的'中国红'，你看苹果公司多么珍惜中国市场！"事实上，这是苹果公司为一个慈善组织而做的，很多与那个慈善组织相关的东西都是红色的。

从某种程度上来说，苹果公司是用这款 iPhone 7 为那个慈善组织捐款。如果再深入探究的话，你会发现原来这个慈善组织竟然跟一些境外其他势力有所勾结……。所以，千万不要以为 iPhone 7 的红色是为“中国红”而度身定制的。但是，有些人就这么理解，认为这就是“中国红”，拿着多吉祥，跟穿红色内裤一样，本命年必备……

其实，行呢，还是不行呢？有意义吗，没意义吗？突然，你会发现我也像庄子那样讲话了。因为它就是这样的，只能这样表达。你说那么一部“中国红”手机，你愿意把它变成辟邪神器，还是接受它本来是某所谓慈善组织而做的行为艺术？

帮助我们获得自在安定的锚

“人心惟危，道心惟微；惟精惟一，允执厥中。”道心就是那么一个像宝石一样通透不变的微小东西。但是，它被蒙蔽了。蒙蔽在上面的东西是什么？是我们的价值观判断——成见的尘埃。

我采访明就仁波切的时候，他反复说：“你一定要知道，在每个不同东西背后的都是金刚石。”《金刚经》说的就是，一切东西都只不过是蒙蔽在金刚石外面的种种的壳：“如梦幻泡影，如露亦如电，应作如是观。”但是，**把外面的东西拿开之后，那个如如不动的本体，才是帮助我们获得自在安定的锚。**

为什么《齐物论》在当今时代特别有意义？因为**我们总是被新的知识所吓倒，被新的形象所吓倒，被新的故事所吓倒，全然没有看到那些事情只不过是那个不变的东西幻化出来的变化。**

南老说过："要想摒除一切是非，庄子说唯有一个办法，就是真正能够明道，这样才能够摒除万有的不齐，而归于齐一的道体。"

如果你对那个不变的东西没有了解，就会每天都活在焦虑当中；如果你对那个不变的东西有坚定的信念，就能够破除对一切好坏的纠缠、痛苦和执着。

齐物论

用自己的标准来看别人的不对，
总是会产生埋怨；
只是考虑别人的是非，
会对自己的是非变得昏昧。

第六章

艰难人生中最值得拥有的心智模式

原典

物无非彼，物无非是。自彼则不见，自是则知之。故曰：彼出于是，是亦因彼，彼是方生之说也。虽然，方生方死，方死方生；方可方不可，方不可方可；因是因非，因非因是。是以圣人不由而照之于天，亦因是也。是亦彼也，彼亦是也。彼亦一是非，此亦一是非。果且有彼是乎哉？果且无彼是乎哉？彼是莫得其偶，谓之道枢。枢始得其环中，以应无穷。是亦一无穷，非亦一无穷也。故曰：莫若以明。

彼此有彼此的是，各自有各自的非

物无非彼，物无非是。自彼则不见，自是则知之。故曰：彼出于是，是亦因彼，彼是方生之说也。虽然，方生方死，方死方生；方可方不可，方不可方可；因是因非，因非因是。

爱新觉罗·毓鋆老师认为，这一段是在说万事万物都可以相对而论，于是才有了彼此的分别。用自己的标准来看别人的不对，总是会产生埋怨；只是考虑别人的是非，会对自己的是非变得昏昧。如果能够反身省察一下自己，就可以明白我们的自以为是，就是因为我们只能看见别人的不对，看不见自己的非。

自己是对的和别人是不对的，乃是相对的概念。所以是非之论，随生随灭，变化无常，好像可以刚刚活了又死去，刚刚死了又活过来——“方生方死，方死方生”。

如果有人说这件事情是可以的，随即就有人说这件事情不可以。譬如，有人说北京的房价还得涨，马上就有人说北京的房价不可能涨了；有人说还是要出国留学，就会有人说还是在国内比较好；有人说婚姻制度是最扼杀人性的制度，就会有人说没有这个制度你怎么可能变成人，起码你不能够合法地生个人出来……。总之，是非总是相对而言。

任何一件事情，当你赞同的时候，就一定会有人反对，这就是为什么我总是很害怕我的节目有很多人听到的原因。赞同的人多了，反对的人也多了。虽然我们在讲《庄子》，但毕竟还是在学习的阶段。说说总是容易的，别人真的认为你非的时候，你要若无其事地说“我只是在学习”，也是不容易的。

只有圣人能够超脱于是非之论之外，明了自然的大道。**所谓的是非、对错、好坏，其实是相因相对而生**

的，彼此是互相对待的，但本质上是没有分别的。所以彼此有彼此的是，各自有各自的非。

究竟有彼此之分，还是没有彼此之分呢？**能够悟出彼此是相互相生、虚幻的，就能够得到大道的关键。**明白大道，就可以了解一切是非的言论皆属虚幻，像一个环中间的空洞物一般。停止是非之争，不再区分彼此，就能够明白大道了。

你的行为都受制于一个“环”

枢始得其环中，以应无穷。是亦一无穷，非亦一无穷也。故曰：莫若以明。

虽然我是一个现代人，但我仍然觉得如果将这段话逐字地翻译成现代汉语的话，就没有那么有力量。《庄子》**的原文念在口腔里面，让人有一种跳跳糖在口腔里面爆炸的感觉。**

这段话大概是什么意思呢？首先，请允许小梁在这里分享一个故事。

较早之前，我采访过彼得 · 圣吉先生，他跟我说他正在做一些有趣的教学实验。他的重要著作——《第五项修炼》，讲的就是企业生命共同体的成长过程。**这本书的核心观点是生命共同体在成长的过程中相互作用、彼此成为原因和结果。所以，需要解决一个问题的时候，我们不能只解决这个问题本身。**

后来，他把自己的思路变成一家培训机构的教材纲要，给孩子上课。他教给孩子在解决问题的时候，必须把与之相关的人都纳入进来，并看到彼此之间是如何作用的，才能将其更好地解决。彼得·圣吉举了一个有趣的例子。

有一天，他们培训学校有三个小男孩打架，相互闹得很不开心。本来，这是一个很常见的现象。然而，因为这三个小男孩是在接受彼得·圣吉先生系统理论指导下的实验，所以他们明白每个人都是环状结构当中的一员。

于是，一个小男孩说："不如我们坐下来讨论一下为什么会这样吧。"另一个小男孩说："我之所以会打你，是因为你之前批评过我。"剩下的一个小男孩说："我是因为别人说的一些话导致我认为你对我有敌意。"

经过几番讨论之后，这三个孩子意识到，他们每个人的行为，都受到其他人的影响。于是，他们把彼此之间的关系图画了出来，讨论如何切断不好的联系，阻止负面能量的传递；如何从自己做起，向整个环境释放善意；如何令整个循环变得正向，变得更加和谐……。恰好他们讨论这个问题的场景被老师拍了下来。

后来，彼得 · 圣吉把这段视频作为素材给一位石油公司的高管做培训。他说："你看，连小孩子都知道，**所有行为都受制于一个'环'，这个'环'彼此相互改变、相互作用。它们没有办法终结，总是一遍又一遍地相互影响。**"

所有企业的问题，是每个人都有的责任。

内心世界一变，外部世界就都变了

试着想一想，我们怎么成为现在的这个人？是因为我们在与周遭环境的互动过程当中，受到其他事物对我们的影响。如何让我们境随心转，使周围的环境变得和谐起来呢？其实，只要从自我做起，改变沟通的方式，你就会慢慢地发现，只需要改变自己，就可以改变环境，因为你是整个环境当中的一点。

《金刚经》里面有六般若的修行方法，排名第一的方法就是布施。什么叫“布施”？就是把自己能做的、能有的，积极地分享给别人。布施分为财布施、法布施和无畏布施。**如果你每天都向旁边的人说“请”“谢谢”“太美好了”，你就会发现自己可以影响整个环境；**

你内心的世界一改变，整个外部世界都会改变。

其实，世界并没有改变，只是你看世界的角度改变了。于是，外部世界反馈给你的角度也变了。《华严经》里面讲过一个故事：唐代有一个和尚带着皇帝做了一个行为艺术实验，他让人在皇帝周围放很多面镜子。他说："你站在这些镜子中间，不管是你旋转还是镜子旋转，你都可以看到无数投影的相——关于你的相。其实，世界就是这个样子。你是世界的影子，世界也是你的投影。"

我们看到很多镜子里面的自己，误以为那些都是别人。我们看到镜子里面好的自己，也看到镜子里面不好的自己。如果你的正面是"是"，那你的背面就是"非"。其实，这些都是你。

你的成见决定了你看到的世界

我们可以试着从大厦保安的视角来看问题。还记得我们前文中讲的那个超级保安看所有摄像头的故事吗？现在，让我们把这个故事再升级为 2.0 的版本。

假设我们每个人的头顶都有一台摄像机，去拍摄这个统一世界的某个角度，然后将其上传到云端。在云端有一个巨大的房间，里面有无数个电脑屏幕，每个屏幕连接一个摄像头。我们每个人的心或者脑，又连接着这个超级保安的眼镜，这副眼镜可以根据每个人想要看的角度，去选取这个房间里面的某几台电视。

你一边在拍摄世界并上传云端，一边以自己的成见主宰你想看的内容。因为你的成见决定了你要求保安去看什么，然后他又把所看到的下载到你的心里面；然后你在心里面就形成某种意识，这个意识又决定你去拍想拍摄的东西。几轮下来以后，你看见的、接收的和内心想的，就形成了一个闭环。这个闭环帮助你作出某种判断：一切对你有利的，你称之为“是”；一切对你不利的，你称之为“非”。

如果能够站在外天下的角度来看待整个游戏，你会不会觉得，这种简单判断一个东西是对或者是不对的思维模式，显得很狭隘呢？你看见的部分叫“明”，你看不见的地方就叫“无明”。所以，《心经》里就说“无无明，亦无无明尽”。

不以物喜，才能够不以己悲

如果你能够深呼吸一下，深刻地意识到世界本来是一个完整的整体，由于你选择看待问题的角度的不同而产生了概念上的对错，因为概念上的对错而产生了情绪上的欢喜与悲伤、愉悦与憎恨，你就能够理解原来你的所有欢喜和愤怒，只不过是基于你的狭隘和偏见而已，是你选择的结果。

房龙说："宽容是人类最伟大的本质。"从另外一个角度而言，**放下你的偏见，从一个真正的、环状的、祸福相依的整体去看待世界，你就不那么容易产生情绪上的波动；"不以物喜"，才能够"不以己悲"。**

我要感谢观世音，我不是把他当菩萨来感谢，而是把他当作一种生命状态来感谢，因为观世音就是外天下，就是暖暖地怀着热忱站在整个宇宙之外，看待世间所有疾苦的生命状态。所以他对你的同情是基于他的智慧，也是基于他的立场。我们要感谢所有这些。

我认为“*物无非彼，物无非是*”这一段写得太好了。我们先不要讨论它的意思，只是感受它的节奏，你就知道庄子是何等有意思的人物。可以想象一下，这个活在自由颅内极度高潮的人，他在写这一段的时候有多么爽。

可以说，这一段是庄子的“贯口”；当然，把它称为“贯口”，显然是有一种隐隐的玩笑意味。你难道不觉得这一段和我们后来很熟悉的禅宗公案很像吗？你问：“什么是禅？”他的答案一定是：“什么不是禅？”你问：“什么是道？”他就会回答：“哪里没有道？”

现在，通过慢慢了解，**我们发现一切痛苦都来自对是和非的判断。**年纪大了越来越不能确认一件事儿是好事还是坏事。你觉得自己很聪明能干，迅速找到一个好男人并和他结婚。五年之后，你会质疑自己当初为什么会嫁给他。再过十年，你也许会庆幸还好嫁给他。二十年之后，你也许又会感叹如果没有嫁给他该多好啊。

人还是那个人，婚还是那个婚，但我们不能一直活在纠结他好还是不好，和他结婚是对还是不对当中。

日本房地产给我们的启示

举一个大家现在每天都会关心的问题为例——买房。买房好吗？如果用十年或二十年的历程，你听任志强老师的，没错。你在过去的十年或二十年中的任何一个时刻，在北京三环以内，逮着品质比较好的楼盘，闭着眼睛买，大概率事件都不会太差。但是，你只活二十年吗？你很可能活五六十年哪。

有时间去看一下日本的房地产吧。京都——像公园一样的地方，view 好得不得了的地方，只要花三四百万人民币就能够买到旁边有溪水，前边有樱花的房子。我们甚至看到京都郊区，相当于北京顺义的地方，几十亩地的价格还不到五百万人民币。

曾经，日本也经历过非常强劲的房地产泡沫。当时，日本东京楼面的价格，可以买下整个美国的国土。人口结构变老，是日本地产价格下降的主要原因。在日本小一点儿的城市，老年人要把房子送给孩子，孩子都不要，因为有遗产税。留着也不行，因为有持有税，你还要维护这套房子。

我的一位朋友在德国花一欧元买了一座城堡。这种事情你可以想象吗？但是，别人就是可以卖给你，因为你必须按照那里的规格去保护这座城堡。

二十年前我在凤凰卫视工作的时候，一位同事说："梁冬，我把我的跑车（红色敞篷）卖给你吧。"我说："多少钱？"他说："一千五。"我说："为什么？"他说："每个月光是停车，都要花差不多七千。工资才一万二，再加上油费，要养不起了，多留一天就是一天的钱。"

这类事情，也就是发生在其他地方的三年、五年、十年、二十年之间。我说这么一大堆例子，就是想跟大家分享：**任何你现在觉得对的事，可能将来你会觉得不对；任何你现在觉得不好的事情，可能将来你也会觉得它好。**

如何拥有把不好的事情都转换为好事情的心智模式

好和坏，真的是一念之间的事情。

松下幸之助说，他在二十多岁的时候，原本家里面的十个人（父母和八个兄弟姐妹）在两三年之内相继去世，最后只剩他自己。从这种极度的绝望当中转换出来后，他就认为自己真的很难死掉。于是，他就努力地工作，身体反而越来越好，并创建了松下这样的企业，还一直活到九十六岁。

不管我们如何评价别人的企业，这种**把不好的事情都转换为好事情的心智模式，其实是一种艺术。**用庄子的话来说，世界没有好、没有坏，都是相对而言的。“枢始得其环中，以应无穷”，**它就像一个圆环一样，转着圈儿地从好到坏，再到好，再到坏，再回到好**……。南老认为，庄子是要让我们做到心物相忘。人能够真正修养到心物相忘，外境与自我都相忘，才可以回归到那个环中的境界。

在庄子的世界里，好坏只不过是人们心智模式的一个判断。如果你发现自己不能超脱好坏的迷失，还是会为好事情而高兴、为坏事情而伤心，你又知道好坏是可以通过自己世界观的改变而改变的话，**把一切坏事都朝好的方向去想，就变成一种在艰难的人生当中，值得拥有的心智模式**——你是不是觉得这有点儿“阿Q精神”？

我们可能对阿Q有点儿误解。在那样一个时代，鲁迅先生把这样的心智模式批判为“阿Q精神”。但是，放在更高的宇宙世界来看，如果我们没有一点儿把坏事看成好事的能力，甚至当你看到坏的一面而把事情看得真的很坏的话，不是活得很悲催吗？

假如某天晚上你睡不着觉了，你的条件反射是惨了，我睡不着了，明天怎么办？其实，你也可以把它视为一个挺好的机会——让自己看一场颅内全息电影。平常总是要照顾别人的感受，总是要花钱去看电影，甚至剧情还是别人编的。为什么不可以躺着看一场自编自导自演的免费电影？

或者可以听听你的内心里面正在浮现出来的种种音乐的声音。我在太安私塾的课堂上只要说“hey”，同学们就疯了。重复三次之后，我只要说“hey”，他们就会跟着唱“我真的好想你”。

如果你实在控制不住地想要把这首歌继续往下唱，但你又不愿意唱的话，我告诉你一个好方法。那就是用“妹妹你坐船头”来覆盖这首歌，它的覆盖能力超强，能覆盖一切歌，能度一切苦厄。

齐物论

一件事情是这样的，
同时又不是这样的，
就是这件事情本来的概念全貌。

第七章

你我其实都一样

原典

以指喻指之非指，不若以非指喻指之非指也；以马喻马之非马，不若以非马喻马之非马也。天地一指也，万物一马也。

可乎可，不可乎不可。道行之而成，物谓之而然。恶乎然？然于然。恶乎不然？不然于不然。物固有所然，物固有所可。无物不然，无物不可。

天底下没有绝对的“对”与“错”

上文中，我们讲到了“方生方死，方死方生；方可方不可，方不可方可”，是说事物的好坏、对错都是循环往复的，福与祸都是相伴相依、同时存在的。如果你不能够超越这一切，小梁希望起码在你明白这个道理之后，尽可能用好的想法，去观照、转换每天面临的种种境况。

接着，我们继续下一段的学习：“以指喻指之非指，不若以非指喻指之非指也；以马喻马之非马，不若以非马喻马之非马也。天地一指也，万物一马也。”

这段话是什么意思呢？如果我用手指指向一个地

方，那个地方就叫“指”，而别人指的地方就叫“非指”；用我的手指和别人的手指比，别人手指指向的方向与我手指指向的方向就不一致。反过来，如果用别人的手指来比我的手指，那我手指指向的方向对于别人来说又不一样了。如果用我的马做标准，别人的马就叫“非马”，就不能称为“马”；反过来，如果用别人的马来做标准，那么我的这匹马又不是“马”了。

实际上，庄子在告诉我们生活中的一个真理：**天底下没有绝对的“是”与“非”。所谓的“是”与“非”、“彼”与“此”都是一般无二的。**手指是天地中的一体，马也是万物中的一物。以此类推，把天地比作一根手指，把万物比作一匹马，那么天地万物又有何“是”与“非”呢？

为什么看了一部恐怖电影，你会成为一颗受“惊”卵

关于庄子的这段话，我们现在可以这样观想：假如整个世界是一个生命共同体，那么我们每个人在这个世界上，就像是一个人体内的一个细胞。

我们说某个人是独特的，说那个人跟这个人不一样，就和我们说身体里面的这个细胞是独特的，这个细胞和那个细胞不一样是同等情形。另外，这些表面上看着不同的细胞，内在又有什么本质区别呢？

我的一位做生物工程的朋友说过，只要想一想你身体里的所有一切都是从一个细胞分裂而成，就是一颗受

精卵，万一哪天走路不幸被车狠狠地撞了，你肯定会成为一颗受“惊”卵。同样道理，看了一部恐怖电影，你也可以成为一颗受“惊”卵。

但是，只有一颗受精卵，才是我们生命的本原。每一个人的身体，都是从一颗受精卵裂变而成。那么，有没有一种可能性——从人身上随机抽取一个细胞，让它回到这个细胞的上一代，创造一个它的上上一代细胞。再从上上一代细胞往上创造上上上一代细胞，最后创造回来最原始的那个受精卵细胞呢？

生物学家朋友告诉我，从技术上来说，这基本上已经可行了。我说：“这意味着什么？”他说：“意味着你可以从你的肺抽取一个细胞，往上倒、往上倒每一个细胞——其实，这是一个信息传递下来的过程，你可以通过往上推算，创造一个新的细胞的方式，最后还原出来当年那个受精卵的细胞状态；再用这个细胞，按照某种方式，生成你的肝脏，生成你的肺，生成你的骨骼……。”

我说：“真的可行吗？”他说：“从技术上来讲，已经可以从一个人的身上抽取一个细胞，将其培养之后，让一头猪长出这个人的肝。当这头猪长得跟这个人差不多大的时候，把属于这个人的肝从猪身上取下来，将其装回这个人的体内，是没有排异反应的。”

于是，有一些需要换脏器的人，就有可能通过某种方式，从自己身体提取细胞，做一个肝脏，或者做一个心脏、肾脏……，再装回他的身体。甚至从技术上来说，也许有一天通过干细胞的方式，可以打印出来任何需要的器官。

既然现在很多食物，哪怕是肉都可以被打印出来，那么我们的器官是不是也可以呢？我观察了很久，在中国A股有一家上市公司，其主营业务就是用干细胞去打印一个人的骨骼。从技术上来说，这项技术已经接近成熟。小梁这几年去采访做生物工程的，绝大部分在这个领域里很专业的人士都告诉我，“从技术上来说，已经接近成熟，甚至有一些部分已经可以做出来了”。

我为什么举这个例子？因为我们身上的任何一个细胞，都可以回到原点，然后再从这个原点分裂、分解、变化，成为另一个细胞。但是，你会问：“后来分出来的这个细胞和之前提取的那个细胞，是不是一回事呢？”这就是庄子所讲的“天地一指也，万物一马也”。

每一个局部，都包含了整个宇宙的全部信息。“一”就是一切。看似不一样的你我，只不过是本体以不同的组合方式稍加变化，以不同的角度表现出来的你我的样子。从本质上来说，没有区别。

齐秦和齐豫有一首歌：“你在天空飞翔，我在地面游荡，看似两个地方，其实都是一样。”这就是《齐物论》所讲的事情。

世界上哪有真正的“一码归一码”

我们为什么要拥有一颗真正的慈悲心？因为慈悲心的源泉来自一个洞见——我们所有人，都来自同一个母体。其实，大家都是亲戚，都是朋友……。

很多人说，得了吧，连夫妻都能反目成仇，亲兄弟都能同室操戈，隔着那么远的人，还可能变成什么亲人？

话虽这么说，但我们有没有想过另外一个可能性？当你在对别人施以伤害的时候，他所受到的苦，会以某种方式上传、下载到本体的一部分——你这里？

人类因为受制于自己所在的时间和空间，所以很容

易陷入经验所形成的局限里。或许，随着我们每一个人可以获得更大的时间与空间的体验，慢慢地，你就能够感受到世界上很多事情都和你有关。

特朗普上台，这就影响了我们每一个中国人的命运；乔布斯发明了 iPhone，这也影响了我们地球上的每个人——哪怕你不用 iPhone，但因为 iPhone 影响了整个智能手机的产业链，所以它还是影响了你。

世界是一个完整的体系，并且越来越紧密；一荣俱荣，一损俱损。所以庄子说“天地一指也，万物一马也”。在电影《老炮儿》中，六爷说“一码归一码”，这就是老炮儿人生为何悲剧的原因。

世界根本不可能分出“一码归一码”，哪有真正的“一码归一码”呢！就像以前凤凰卫视一部宣传片的口号：“许多看似不相关的事，其实背后都是有关联的。”

凭什么一个人只能是男人，或者只能是女人呢

我在看《齐物论》的时候，赫然发现，庄子在写这部分的时候真的写 high 了——足足三大段，好几百字。从“以马喻马之非马”往下他居然还在写：“可乎可，不可乎不可。道行之而成，物谓之而然。恶乎然，然于然。恶乎不然，不然于不然。物固有所然，物固有所可。无物不然，无物不可。”

总而言之，他为什么用各种排比来讲同一件事情，为什么总用那么多词语去讲“好就是不好，不好就是好”？

这让我想起了《道德经》的第一段。大部分人都

把这一段理解为“道可道，非常道”。如果你看完《庄子》之后，或许你会认同我的一个推论，我觉得这个断句应该是“道可，道非，常道；名可，名非，常名”，这个“常”，以前用的是“恒”，后来为了避讳刘恒帝的“恒”，所以改为“常”。**“道可，道非，恒道；名可，名非，恒名”，一件事情是这样的，同时又不是这样的，就是这件事情本来的概念全貌。**

如果明白一个男人是男人，但他同时也不是男人，你就能够真正理解男人了。大部分女人，一辈子都活在一个错误的意识当中，认为她们面对的那个人，就应该是男人，总是说“你就不像一个男人”——这句话听上去很熟悉吧。而那个男人就会说“你就不像一个女人”。凭什么一个人只能是男人，或者只能是女人呢？**每一个女人的心里都有一个“女汉子”，每一个男人的内心都装着一个“小女孩”。你如果深刻理解这句话，就不会存在以上的抱怨了。**

所以，**我常常发现很多女同学，终其一生，终于把自己变成了自己想嫁的那个人的样子。其实不是的，是她们本来就是自己想嫁的那个人。**

世上所有的事情，
其实真的不一定是你所以为的那样

《达·芬奇密码》是一本很有趣的书。我曾经看过一篇书评，讲述《达·芬奇密码》这本书的核心内涵，其中一个观点说的就是在基督教排名里面，有一个非常秘密的教义，甚至可能不是基督教派而是这本小说里面的。

在西方，有一群人，他们理解了一件事情，就是男人和女人并不能完全分开。其实，我们每一个人，只不过是长得像个男人，或者长得像个女人而已。以前有一个非常有意思的讨论，说男人的乳头到底有什么用？难道仅仅是用来鉴别正反面吗？它到底有什么用呢？答案是，有用的。万一这个世界上没有女人了，一部分男人就会变成女人，他胸前残留的这两颗“大痣”，或许就可以发挥哺乳功能。

我是很严肃地讲出这个观点的，因为有一些鱼就有这样的特点。美国鱼类繁殖专家就发现，在华盛顿州哥伦比亚河段产卵的大量雌鲑鱼，绝大多数是从雄鲑鱼变性而成的——如果雌鲑鱼全部死掉的话，一部分雄鲑鱼就会变成雌鲑鱼。

其实，这件事情恰好说明，每一个来自同一个族群的某人、某事或者某物，都包含着宇宙全然的信息。在时空因缘的和合之下，则完全有可能变成另外一种人或另外一件事儿。这就叫“缘起”，只是各种因素的和合而生罢了。

请记住，世上所有的事情，其实真的不一定是你所以为的那样。世界的本质，一个叫“本”，一个叫“质”。“本”，就是把这些“质”勾连在一起的外部因素和搭配方法。比如，同样是碳原子，以这个方式组合，它就是铅笔；以那个方式组合，它就是金刚石，就是钻石。所以我们要理解，放到碳原子这个层面，它其实也是由正电子和负电子这种更基本的粒子构成的。我不知道用“粒子”这个词对不对，总之有一个更基本的东西，甚至最基本的那个东西是不是物质都还不一定。

世界上可能根本没有所谓的、基本的那个物质，有可能是由基本的状态，以不同的方式临时组合而已。组合的方式一变或看待它的角度一变，立刻会成为另外一样东西，这就是境随心转，这就是现实扭曲立场。

庄子用这种方式来对我们讲，事情其实真的不一定是你所以为的那样。所以，什么东西可以这样，也可以那样；是这样，也可以是那样——“唯达者知通为一，为是不用而寓诸庸。庸也者，用也；用也者，通也；通也者，得也。”这几句话说的就是，只要真正明白它们彼此之间有一个共同母体，真正明白事和物（所谓的事就是物的变化反应的状态，无论事还是物，它们都是同一个事情的不同面向），那么你想让这个东西变成那个东西，其实是有可能形成某种方式去“通”的。

什么是真理？你能用，就是得到了

事情总可以从这个管道通向那个管道，从这件事情变为那件事情。大家还记得《星际穿越》那部电影吗？从宇宙的这一端到宇宙的那一端，好像很远，但是它可以折叠，一下子就过来了。就像一条绳子上的蚂蚁，从绳子的 A 端到绳子的 B 端，要爬很久。但是在二维层面上，你把这个绳子折叠后，立刻就变成从这一点到那一点。增加一个维度，世界瞬间就不一样了。而最多的维度，N 区域无穷大时，最终又回到宇宙的任何一个支点。你怎么知道未来我们不能把一切都以这种方式来理解呢？

举个例子，说不定五年或者十年之后，我们就不需要买家具了。每个人在家里面放置一台 3D 打印机，这台打印机可以拟合出木头、石头、金属的质感。你可以从网上就像下载一个 QQ 表情一样，下载一款桌子的数据，并用这台打印机打印出一张桌子。两天之后，你又想要一把椅子，嫌这张桌子放在那里碍事儿，还可以把这张桌子全部降解掉。然后，你再花五块钱下载另外一把椅子的数据，重新打印出一把椅子。那么，在这个世界上还有什么物质匮乏可言呢？

我见过一套房子，在故宫边上，是用 3D 打印机打印出来的，瓦、柱子和砖都是这样被打印出来的（我曾经还有机会拥有这套房子，但由于一个很小很小的原因就与这样的机会擦肩而过）。

如果在第四次工业革命时期，各种打印技术变得越来越与生活接近的时候，你就会发现，世界无非是各种因缘、各种设计模块的临时组合而已，这就叫“集”，集合的“集”。四圣谛里面讲“苦集灭道”，“集”的意思就是世界只不过是一次又一次的临时组合。如果有一天，从技术上来说，不再是打印，而是仅仅通过 3D 成像技术，你就可以瞬间看见一个栩栩如生的、逼真的人。这个时候，他可能正在美国，但他又确确实实地来到了你的现场。

我参加腾讯开放大会的 VR 论坛时，现场所有来自全球的 VR 嘉宾都在展望这样一个未来：在不久的将来，他们就不需要坐十几个小时的飞机，从加拿大、美国和欧洲来到中国开会，他们可以把自己的影像在当地提取完之后，以全息投影的方式投射在这里的一把椅子上，大家就可以在同一个空间里探讨问题。那么，这样的未来远吗？放在历史长河中，未来十年、二十年，最多三十年就实现了，这又算什么久远呢？但这也不是一眨眼的时间就能实现的，等到那个时候我们再来讨论，空间不是问题，时间不是问题，样子不是问题，对错又怎么会是问题呢？

让我们重复默念这句话："唯达者知通为一，为是不用而寓诸庸。庸也者，用也；用也者，通也；通也者，得也。"简单地说，你知道世界就是一个本体，在临时这一刹那间能用就行了；你能用，就能得到了。这不就是典型的共享经济吗？

在未来，你需要拥有一辆车吗？你不需要。现在，除了卧室和老婆不能共用之外，有什么东西是不可以参与或者被纳入共享经济内容当中的呢？我觉得，社会主义的未来不远了，共产主义不远了。我真的觉得，我现在变成了一个彻彻底底的共产主义信徒，相信你也会理解我的感受。

齐物论

当我们觉察到或者慢慢开始
在内心里面试图用一种新的惯性去取代旧的惯性时，
风险就会变得越来越小，
痛苦也会变得越来越少。

第八章

为何『想得到却没得到』

『现在有的，不是自己想要的』

原典

故为是举莛与楹，厉与西施，恢恑憰怪，道通为一。其分也，成也；其成也，毁也。凡物无成与毁，复通为一。唯达者知通为一，为是不用而寓诸庸。庸也者，用也；用也者，通也；通也者，得也。适得而几矣。因是已。已而不知其然，谓之道。劳神明为一，而不知其同也，谓之『朝三』。何谓『朝三』？狙公赋芧，曰：『朝三而暮四。』众狙皆怒。曰：『然则朝四而暮三。』众狙皆悦。名实未亏，而喜怒为用，亦因是也。是以圣人和之以是非，而休乎天钧，是之谓两行。

什么样的人能够“挫万物于笔端”

在庄子借由南郭子綦的颅内高潮达到与宇宙万物的连接之后，他感受到了什么？其实，在《齐物论》里面，有些话你也分不清楚是南郭子綦说的，还是庄子说的。但不管是谁说的，可能都只是一个“道具”在说。王朔老师当年吹捧刘震云老师，说：**“刘老师，他哪里是在写字儿啊，他把笔那么一拿出来，故事啊，文章啊，就流淌出来了，好像他只不过是一个收音机。”**

这正如陆机在《文赋》中提到的“挫万物于笔端”。也就是说，不管这句话是庄子说的，还是南郭子綦说的，抑或是后世的人在编《庄子》这篇文章的时候加上去的，也有可能只不过是一个客户端或一部手机所显现出来的万物本来的意义。

在《齐物论》里面，下面这段话特别有意思：“物固有所然，物固有所可。无物不然，无物不可。”什么意思？**每样东西好像固然有这个样子，每样东西也都好像天然地可以做这件事情。没有什么事情不可以这样，也没有什么事情不可以不这样。**

而后面那句“故为是举莛与楹”中，“莛”是指草茎，“楹”是指门框上、厅堂前的木桩。“厉与西施”中，“厉”，通“癞”，指长有癞疮的人，这里指长得很丑的女人。“西施”，就是大家都知道的传说中的美女。“恢恑憰怪”，指形形色色的社会现象。

所以，草茎和门前的木桩，丑女与美女，各种妖魔鬼怪，其实都是整个宇宙本体那个道的其中一个样子而已——“道通为一”。“唯达者知通为一”，只有那些真正通达的人，知道其实它们是一回事儿。

为是不用而寓诸庸。庸也者，用也；用也者，通也；通也者，得也。

之前我们讲过这几句话，为什么我又重复一遍呢？

我觉得不管是谁在下载这几个字的时候，不是写的，似乎就像一连串的声音文字的符号。在这个节奏里面，本身就有频率，本身就有信息。

你难道不觉得，当我们摇头晃脑地用同样的语音节奏跟随庄子去感受的时候，就像唱歌一样吗？当你听到这个旋律的时候，那个旋律自然就起来了，它会唤起你。你又怎么知道，“庸也者，用也；用也者，通也；通也者，得也”这几句话不是这样呢？

万一我们每个人本来就有这个信号，本来就知道，念了若干遍以后，突然有一天，你也就找到了那种节奏感和韵律感，然后你就和庄子，以及庄子后面的那个统一体连接上了。连接上以后，你自然而然会发现，怎样说都是庄子所说的，怎样做都是自在的人。我们共同学习《庄子》，形成了一个在“自在睡觉”微信公众号里面的共同社区，很多朋友每天一起打卡，每天分享，就是这样的自然。

其实，一个关于幸福的、自在的、健康的、欢喜的生命共同体正在形成。这个形成，本身就是与庄子同频共振的。

分别心不休，烦恼不止

我们大部分人的烦恼来自哪里？简而言之，来自两个方面。一方面，想得到却没得到；另一方面，现在有的，不是自己想要的。所有痛苦也就来自这两个方面。归根结底，是你认为有些事儿是好的，有些事儿是不好的，我们称之为“分别”；而分别心就是一切烦恼的源泉。

在《庄子》那里，这是一个已经被两千多年来最聪明的大脑验证过的一套感知体系，已经很清楚地告诉我们，这事儿和那事儿没有区别。

小马哥问了我一个问题：“梁同学，您说得那么好了，怎么还有烦恼呢？您不都明白了吗？”道理明白了，惯性还在。这就像说，我们开着车，看见前面有一个井盖被拿走后有了一个洞，就刹车或者把轮胎往左往右，但是惯性仍然让车子朝前开。所以，没有觉察和有觉察，还是不一样的，尽管惯性一直都在。

当我们觉察到或者慢慢开始在内心里面试图用一种新的惯性去取代旧的惯性时，风险就会变得越来越小，痛苦也会变得越来越少。起码当你的汽车在冲向这个没有井盖的洞时，你是知道的；然后随着开车的技术越来越好，你是可以避开这一切的。**我们的身体和意识，尤其是我们平常在想一件事情上的思路，有着根深蒂固的、强大的惯性。**

现在，闭上眼睛，我们来做个练习。比如，我以前常常在节目里面跟大家一起唱到的一首歌——我也不知道为什么有一天在洗碗的时候就哼出来“苍茫的天涯”，我没有唱后面几句，你一定跟着“是我的爱”就来了。然后，你也不知道后面最近的歌词，但是你一定会再哼出一句“嗒嗒嗒嗒嗒嗒嗒嗒花正开”。这一段声音，它就像开着的汽车一样，无时无刻不在循环。

你想想看，连一首这样的音乐，才听了若干次，你都会忍不住让它在你的脑海里反复旋转。那么还有很多你早已习以为常的习性、观念和判断，包括你认为世界上有好事儿和坏事儿，这样已经被训练了几十年的惯性，它怎么可能一下子停住呢?

你总是活在关于好坏的判断里面，有必要吗

所谓的修行，所谓的截断众流，就是要觉察到我们总是活在这样的无意识的、无时无刻不在进行的关于好坏的判断里面。而这个判断甚至都没有变成你的清晰的意识，它甚至直接转换成情绪，就像烧烤上面撒的孜然粉，就像一口真正的好酒让你的口腔分泌唾液，就像闻到了最喜欢的香水的味道，就像噔噔噔噔噔的声音……，都构成了我们时时刻刻存在着的这样那样的反应，甚至是情绪的反应，或者是各种条件反射。

为什么我在这节讲的东西跟以前讲的有重复？其

实，这是小梁刻意而为之。就像一首歌到一定时候，会重复某些旋律一样，它不是在传递信息，而是在强化旋律。这不是一个讲道理的内容，道理我们都明白了，分别心、见诸相非相，等等。**为什么我们明白道理后，仍然不能够跳开以前的惯性呢？这是因为我们需要有新的习惯来把旧的惯性覆盖。**

不要像贪吃蛇——吃得越多，负担越重

现在，很多朋友会有知识焦虑症，总觉得又有一些新的东西自己不知道了，所以要赶紧去学，这恰恰是焦虑的源泉。**不是要去获得新知，因为新的知识就像贪吃蛇一样，吃得越多，负担就会越重，终将把自己拖死。要去熟悉，要去反复，因为反复会带来新的习惯。只有熟悉、反复，才会让我们产生真正意义上的、新的安全感，这就是为什么古代的人总是在每天睡觉之前祷告。**

其实，你向谁祷告，具体祷告什么内容，这些可能都不是祷告的本意。你每天晚上都知道自己要说什么，这件事情本身，才是真正重要的。**记住，我们除了要**

每日获取新知，更重要的是要每日坚定新的心智模式习惯。这是摆脱一切知识焦虑症的唯一方法。每天给自己一些时间重复，每天给自己一些时间去告诉自己：你可以获得快乐。

如果每天给自己一个时间告诉自己可以获得快乐，获得健康，与所有的一切产生深深的、慈悲的连接，你一定会有一个美好的睡眠！

你为什么会“朝三暮四”

《齐物论》里面有一个很著名的故事，几乎无人不知，无人不晓，就是“朝三暮四”。这个故事讲的是，狙公（喂猴子的人）给这些猴子分橡子，说：“早上三颗，晚上四颗，怎么样？”众狙（一群猴子）皆怒，说：“凭什么？（你有没有觉得很奇怪？凭什么，我们都爱说凭什么）凭什么早上三颗，晚上四颗？不高兴。”于是，狙公就改了，说：“这样吧，早上四颗，晚上三颗，怎么样？”庄子用的词很有意思——“众狙皆悦”。

这个故事就是成语“朝三暮四”的出处。

一般人在学习这个成语的时候，会以为它是指某个人的做法总是变来变去的，上午喜欢这个，下午喜欢那个。其实，**“朝三暮四”的真正意思是：我们每一个人都活在一种自己关于价值的习惯性判定里面。你习惯了，认为应该“先拿多一点儿，再拿少一点儿”，这样比较爽。结果，有人对你讲，不是的，先少一点儿，后多一点儿，行不行？虽然总量一样，我们却受不了。**

你觉得猴子很可笑吧，但为什么没有觉得自己很可笑呢？我们不都是这样吗？匆忙地要做一家公司，去融资，把未来的钱拿到现在来用，我们称之为“贴现率”。实际上，你把以后的钱拿到现在来用，也是要付出成本的。所以，我认识的一些传统的企业，那些做得很好、很安全的企业，他们却不那么着急融资，也不那么着急上市。

现在有一种社会共识，一说到传统企业，就是那些行将就木的企业。一说到不融资，不拿天使轮、A 轮、B 轮、C 轮、D 轮、E 轮，就没有那么大的差别。拿到 E 轮的人都痛苦得要死，你去问一下那些号称把估值做到很高的人有多么焦虑，就知道了。

朝三暮四，是一种灵长类动物普遍拥有的心智模式。你我皆灵长，我们总是很习惯按照某一种内心设定的要求去作出判断；当别人给出的建议与之不符的时候，抱怨就产生了。

有一天，发生了一件很有意思的事情。我儿子跟我一起去吃火锅。他说要喝姜汁可乐。我就同意了。不过，我跟他说："喝可乐之前必须先吃点儿东西。"他就突然很生气，以绝食相要挟，说："不吃了，不喝了，饿死我自己。"

我突然觉得很好笑——真是灵长类动物的孩子啊。他心里面有一个假设的预定——先喝两大口可乐，虽然还没有喝上，但他已经体验到了那种心理高潮。不料这时，当爹的却说之前得先吃口饭。

其实，先喝可乐后吃饭和先吃饭后喝可乐，也就是在一分钟之内的事儿，到肚子里都是可乐泡饭。但是，这位灵长类小朋友，仿佛觉得受到了莫大的煎熬，就堵在那里了。

我一边摸着他的背，一边跟他讨论：“你为什么会生气呢？你本来也决定吃饭的，是因为你开始的时候，下意识地、自己都没有觉察到的是，你已经预设了一个先喝两大口可乐的颅内精神高潮，这事儿你体验了；所以当你爹要求你先吃饭的时候，你就跟那只猴子一样，不行，怒。如果我反过来说，那这样吧，你先吃饭，后喝可乐，你会不会高兴一点儿呢？”

我在儿子身上看到了原始人类心智模式上的特点。我很感谢他，这孩子用他活生生的情绪演给我看了“众狙皆怒”和“众狙皆悦”这两个瞬间变化的过程。

抱怨伤身害命，都是自找的

我们总是习惯性地对自己马上要经历的状态有一种假想，哪怕这个假想很愉快，但也会形成一种障碍。这种障碍令我们发现，如果别人给出的条件与自己内在的期许哪怕只是顺序上的不一样，我们都会被这个情绪绑架。

试想，我们在现实生活中，又何尝不是这样呢？非要那么着急把钱拿到自己兜里，通货膨胀这么厉害，急什么呢？

还有很多人，特别着急获得别人的认同。他们觉得，自己做了这件事情，就应该获得这样的认同。越是想象力丰富的人，越是容易被自己对未来的展望所绑架，只要别人给出来的未来稍微与自己的想象不同，就不停地抱怨。抱怨的本意就是后来事情的发展或者别人的反应，与你的期许不同。然而，别人并不知道你的期许，于是就产生了“怨”这种情绪。

你将其放在一个更大的宇宙世界来看，就是这样，关键是不要被自己先前预设的情绪所绑架。而且这个愤怒和后来的喜悦，其实都只不过是情绪的假想。

“诸行无常，诸漏皆苦”，一切情绪，都是苦的根源。你可以试着回想一下，你平常主要抱怨的内容是什么？静静地看一看自己抱怨的源泉，然后对照“朝三而暮四”“朝四而暮三”“众狙皆怒”“众狙皆悦”，所有猴子都生气、所有猴子都高兴的场景，你就知道原来自己的抱怨是如此可笑。

好的人生，
就是一个把抱怨活成玩笑的过程

有一次，我有机会和崔老师——著名的反基因专家崔永元老师在一起。其实，崔老师还在做一个很有意思的项目，叫《口述历史》。他这些年采访了很多老人家——也许他所采访的内容，未必有地方可以播出，但是，他去记录这件事情本身就是有价值的。

有一天，崔老师跟我讲一些人的故事，关于“生和死”。一位老先生有一次跟崔老师讲，他在监狱里面，本来应该被万恶的敌人解决了。结果，那天敌人没选他，选了另外一个人。第二天，他觉得总该是他了，便

很焦虑地等待那个时刻，结果什么也没有发生，因为看守他的人喝醉了。到第三天，他听见脚步声来的时候，当时那种紧张、痛苦、焦虑啊，简直难以形容。因为你知道这个人走进来，把你拉出去，你就被处决了。结果，过来打开监狱大门的那个人说："同志，解放了。"于是，他因为那个看守喝醉酒，就活了下来，一直活到接受崔永元老师对他进行《口述历史》访问的这会儿。

当这位老先生经历了人生种种的苦难、生死边缘的危险以后，他在描述这段故事的时候，完全就像在讲一个笑话。将一个自己人生的悲催，变成了一个谈笑间的笑话。意思就是，本来早该死好多遍了，没死成，居然还这样。这种状态，得过来之后才能体会。

说穿了，人生就是把一系列惊悚、痛苦以及抱怨，最后变成笑话的过程。

就像之前网上有一个《十大装×人物指南》，其中不少人物也都算是平常我觉得高山仰止的人物，而我居然也忝列其中。

那里面列举了我以前的种种可笑之处。看完之后，我真的觉得以前自己多么可笑——太可乐了！一个人怎么能够愚蠢成那样呢？那段时间过去之后，你就会觉得，玩笑是多么有意思的一种人生的况味。

想想自己，每一天的愤怒，是多么“灵长类”，多么朝三暮四吧。学会用一种看笑话的心态，看自己悲催的人生，你一下子就会发觉睡觉是一件多么幸福的事了。感谢还有这样的一个时代，允许我们把自己的悲催，活成了一个又一个笑话。

齐物论

你知道这一切都只不过是局部，
都只不过是一个过程，
一切最终都会过去的。

第九章

多么痛的领悟——一出『生』就会入『死』

原典

古之人，其知有所至矣。恶乎至？有以为未始有物者，至矣，尽矣，不可以加矣！其次以为有物矣，而未始有封也。其次以为有封焉，而未始有是非也。是非之彰也，道之所以亏也。道之所以亏，爱之所以成。果且有成与亏乎哉？果且无成与亏乎哉？有成与亏，故昭氏之鼓琴也；无成与亏，故昭氏之不鼓琴也。昭文之鼓琴也，师旷之枝策也，惠子之据梧也，三子之知几乎皆其盛者也，故载之末年。唯其好之也以异于彼，其好之也欲以明之。彼非所明而明之，故以坚白之昧终。而其子又以文之纶终，终身无成。若是而可谓成乎，虽我亦成也；若是而不可谓成乎，物与我无成也。是故滑疑之耀，圣人之所图也。为是不用而寓诸庸，此之谓『以明』。

要想不为一只小狗的离去而悲伤，最好的方法是从一开始就不养狗

古之人，其知有所至矣。恶乎至？有以为未始有物者，至矣，尽矣，不可以加矣！

什么意思呢？就是古代那些得道的人能够知道一切事物的本源——终极的极点。

有一部电影叫《黑客帝国》，英文名字是 *The Matrix*，翻译过来大概是母体、本体、子宫的意思。所以，这部电影是很高深的，它讨论的就是世界有没有一个所谓的本体的问题。在古代中国，有一些已经通晓道意的人，

他们知晓一切事物的本体和极点。但他们是如何知道这一切的呢？目前我们还没有答案。

我发现庄子有一个很好的习惯，行笔之处，如果没有答案就提问题。所以如果以后你老公问你“今天又花了多少钱啊”？你就不要回答“才十万”“才五万”或者“才一千”——不要用“才”这个字。你应该说：“你觉得，像你这么伟大的男人的老婆应该花多少钱，才配得上你的聪明才智呢？”**用问题将彼此连接在一起；答案本身就会将我们导入错误，不管是什么答案。**我不是乱说的，因为庄子在后面的故事里面举了三个例子来讲这件事情。

首先，庄子在讲这三个故事之前，讲了一堆序言，也就是导论。刚开始的时候，大家都知道宇宙万物是什么都没有的，是一片混沌无物，是“真空”。但这“真空”恰恰是最极致的状态，虽然什么都没有，但是“真空”却可以产生“妙有”，所以叫“真空妙有”。在无中就出现了“有”，一个负电子，一个正电子，碰到一块儿就表现为“没有”。但是，你一旦从“真空”中剥离出来一个负电子，一个正电子就会随机产生。所以，

“无”并不是什么都没有，“无”是一种混沌的、平衡的、和合的状态。

“有”只不过是“无”的分别打开而已。古代的人一开始是体会到了大道，也就是宇宙本源的寂静，没有分别、没有一丝混沌的状态。后来就出现了彼此的分别。

一“分”这件事就“成”了，一开始“成”就奔向坏。这件事不开始分离出来成为某个样子，我们不称之为“生”，但一出“生”就会入“死”。所以，要想不为一只小狗的离去而悲伤的话，最好的方法是从一开始就不养狗；要不想被爱情伤害，最好的方法就是不要谈恋爱——虽然从理论上是这么说，但在现实生活中，我们往往还是会为了爱情而赴汤蹈火吧。“明知山有虎，偏向虎山行”，这是一种多么痛的领悟啊！

后来，事情开始出现了“分别”。因为一些事情，在短期之内给我们带来了愉快的感受；而有些事情，在短期之内给我们带来了不愉快的感受，这就形成了“好”“坏”的经验，也就有了所谓的“是”与“非”。

但实际上“道”果真有增有减吗？庄子说：“*道之所以亏，爱之所以成。果且有成与亏乎哉？果且无成与亏乎哉？*”天哪，他说“道”真的是不增不减或者有增有减吗？其实，他说的就是没有增没有减，正如你所熟悉的一句话：“舍利子，是诸法空相，不生不灭，不垢不净，不增不减。”

原来庄子和观音观自在菩萨早就神通，早就想到一块儿了。两个人不认识，庄子说的是道不亏不损，观自在菩萨对舍利子说不增不减，难道你不觉得这是一件神奇的事情吗？这个地球上隔着喜马拉雅山的两个完全不认识的人，也不一定在同一时代出生，居然说出了几乎一模一样的话。

要想“成”得先有“损”，有“损”才会有“成”

我有时候想向小马哥请教：“你有没有发现，也许你偶尔在吹箫的时候，可能吹出德彪西或者巴赫的感觉？”就是有没有那种——你随便奏出一个旋律，结果发现原来另外一个时空里也有人奏出过类似旋律的感觉。假设你们两个人用的是同一种乐器，只不过你们又借助了另外一件乐器来表现自己的音乐，其实就天地本身来说，都是乐器的话，你们是如何找到了那个旋律的感觉，并且用这种方式把它演奏出来的呢？

如果你相信这个世界上的事物以总量而言，都是

不增不减、不好不坏的，那么你会产生一种什么样的感觉？

一个人一辈子能收多少学生的总量是有限的，他多收一个，将来就会少收一个。他还会很努力地去找很多的学生吗？冯小刚老师曾经说，一个导演这一辈子能拍的电影的总量也是有限的，多拍一部，将来就少一部，所以你还很着急地去拍吗？

我认识很多糖尿病人，早年都吃得很愉快，吃得快、吃得多、吃得油、吃得好、吃得开心、吃得爽。总之，上苍有一种很奇怪的方法，让他后来吃得少一点儿——已经是糖尿病人了，就会有一些人用各种方法来限制他吃。

你在做一件事情时，只要一动就会有偏向。

庄子在后面讲了三个故事，也就是“昭文之鼓琴也，师旷之枝策也，惠子之据梧也”。昭文（一个非常善于弹琴的人）在弹琴的时候，他并不能够同时把五个音阶一起弹奏出来。想要有好听的旋律，就必定要让其他的声音不能发声。你这一秒钟弹了“哆”，当然就不能弹其他的音符。当然，古代没有“哆来咪发唆啦西”，它们是“宫、商、角、徵、羽”五个音阶。你弹了“宫”这个音，就有了“成”。当你弹奏某个音，就不能弹别的音符，也就是我们说的既然有“成”，那么不能弹的音符就叫有“损”。

你没有弹琴之前，世界一片寂静；你弹了，那么一定不能拨动其他的琴弦。**这个“成”是以其他的不能“成”来作为代价的，有“成”必有“损”，“损”才能构成“成”。**从层面和境界上来说，这就是“有生于无”的道理。

不读书不知道这个道理，要想干成一件事儿，必须要损失些什么。要有“成”，必先有“损”，但是事物从“成”和“损”这个层面上已经是等而下了。

所以，那句经常被调侃的“欲练神功，必先自宫”，也是有一定道理的。昭文悟到这个道理之后，他就放下琴来不弹，就没有“成”和“损”了。

无论你在哪一个状态，最终都会到无语的状态

师旷是晋平公的乐师，他拿着鼓槌却不敲了；一旦不敲，就不存在哪儿响哪儿不响了。都不响，就是所有的声音都在心里面同时涌现，其实就都响了。

惠子是当时一位很有名的辩论家，他靠着树，突然停止了辩论，因为他突然明白了“成”和“损”互为因果的道理。

那个时候，他们在音乐、弹琴、辩论、哲学等各方面算是终极 master——终极大师。到了终极大师这个级别，往往会用一种方式来回应他们所达到的境况，这个

境况就是“无语”。

有些人天天在朋友圈发各种养生知识：“治痛风这一招传了四百年。”“原来想不到一个简单的秘方可以让你远离癌症。”……天哪，这都是“微信诺贝尔奖”段子手。

你看见这些会怎么想？看多了，你只有一个感觉——无语。Nothing to see，nothing to do.

南老认为，这个时候，一声不响，合于道体的世界上也没有所谓盛衰成败，一切皆空。

庄子借由这三个人的故事来说，一个人到了终点的时候，他总是倾向于无语的。如果有一位创业青年坐下来跟你谈各种商业模式，而你是一位资深的投资人，每天听一百个这样的故事，你会怎么想？如果一个女孩痛哭流涕地来跟你谈到底要不要结婚，男朋友怎么又不接自己的电话，明明说好了去哪里买东西，他却又不出现……作为一个情感累次受伤、屡获经验的朋友，你会试着去安慰她吗？我觉得或许有一天，你只是听着，却无语。**因为你知道这一切都只不过是局部，都只不过是一个过程，一切最终都会过去的。**

涅槃寂静。无论你在哪一个状态，最终都会去到无语的状态——不想说了。

汝几于道，几乎的“几”，意思就是你几乎达到“道”的状态了。现在，跟随我深深地吸气，想象自己融入了那个永远包容你、永远不评判你、永远相信你的母体当中。有一个朋友曾经说过，**很多男人的本质是终其一生用他的方法回到子宫，不管是谁的子宫，不管用什么方法。而这话也是“几于道”的。**

我们深刻一点儿，严肃而认真地来看，难道不是这样吗？顺便说一句，《黑客帝国》这部电影可以再复习一下。

可以去做任何事，但心里面，要对做这事的成败得失不那么在意

庄子在“古之人”这一段里面讲到了昭文之弹琴、师旷之击鼓、惠子之逻辑辩论。结果，他们的儿子继承父业却终无建树，“而其子又以文之纶终，终身无成”。这三位已经几于大道的大师，他们的儿子之所以没有成为大师，没有建树，是因为这些大师的孩子只是继承了他们父亲的技法，而没有体会到大道。这其实是一个比喻，用这三个大师的孩子只知道弹琴、只知道击鼓、只知道辩论来比喻通晓大道之人的孩子在分出了有无和对错是非之后就不能够再回归大道，就不再拥有那样的清醒。

读到这里，你会不会觉得读《庄子》有一点儿绝望？似乎庄子在和你讨论不要分、不要往下延伸、不要进步，甚至是不要有进一步的变化，因为那个变化是堕落的开始——如果你是这样感觉的话，你可能会心生一种厌离感。

有些学佛学道的朋友学到这个阶段，往往会产生一种什么事也不干的错觉。反正一做便错，一说便错，反正不都是离那个全然的东西远了吗？

小梁有一个建议，**你要记得，事实上，做任何事，都只是一个阶段，无所谓对错好坏。**出现了这个音符就不能同时出现那个音符，写了这个字就不能同时写那个字，一切都只是一个阶段。最终我们要把这些阶段再混合到一起，成为一种更全然的东西。你也可以说是倒退，也可以说是扬升。也许你可以从这个阶段，最终扬升到另外一个阶段，和光同存的阶段。

此话怎讲？就是**你还是可以去做任何事情，但是在你心里面，可以对做这件事的成败得失不那么在意。我们理解一件事情的本质就是这样**（不好不坏、不增不减、不垢不净）**以后，做事情的时候就会有这样的状态。**

我从一个叫“攀枝花”的小地方来，在我读中学的时候，举家艰辛地从攀枝花“移民”去了广州。在广州也没有有权势的亲戚朋友，不像在小地方，做什么事情都很方便。于是，一家人都要在广州努力奋斗。

我还记得刚刚从攀枝花到广州的时候，爸爸妈妈每天早上大概要骑四五十分钟的自行车去上班。我妈不太会骑车，我爸就要先骑车送她到单位，然后再骑车回自己的单位。而我又要开始学习粤语，重新融入新的学校。毕业后，我曾经在电视台工作，在互联网公司工作，创业，折腾。

有一次我的一位好朋友去攀枝花玩，拍出来攀枝花的明朗天空，那灿烂的阳光，那棵让我在童年就印象深刻的攀枝花树（也就是木棉花树），树上的花朵那叫一个鲜艳。还有攀枝花盛产的木瓜，在我们吃过很多种木瓜之后，才知道原来攀枝花的木瓜是全中国最好吃的木瓜。攀枝花市中心流过一条江，叫金沙江，同时雅砻江也在此处汇入，共同构成了长江上游湛蓝的江水。

我看到那张照片，就像之前我去新西兰，当地的朋友很高兴地带我们看新西兰最壮美的山河景象。我突然发现，可能年老的时候，我最好的归属不过是回到攀枝花——那个阳光遍洒的城市，成为一位籍籍无名的老年人，也许人生就是这个样子了。我觉得我会这样，亲爱的你可能也是这样。

你无法同时弹出所有的音符

还有一件事情对我触动很大，我们“自在睡觉”微信公众号的小伙伴们一起去北京的孙河，参观了一家养老院。这是在日本学习工作了二十年的金博士回中国创办的很有意思的养老院。那里的窗帘花花绿绿的，我看到时觉得很诧异，因为根据我的审美习惯，很难接受那种只有小时候才见过的花花绿绿的窗帘。我觉得这种设计不够高级，没有京都的那种简约的风格。

结果，金博士告诉我：“你知道为什么我们要做这么多不同颜色的、花花绿绿的窗帘吗？因为很多老年人到老的时候有认知障碍，也就是传说中的阿尔茨海默病。如果你把所有窗帘做成颜色统一，很素、很淡雅，他们就会分不清楚这里和那里。”所以，每一个窗帘都不一样，就是要帮助这些老年人重新像孩子一样认知。我们小时候怎么区别这套房子和那套房子？就是因为这套房子的窗帘和那套房子的窗帘不一样。

走了一辈子，即便是那些所谓混得成功的人，到了老的时候，也需要有个人能够像你的父母一样，轻轻地帮你洗澡，害怕你摔倒，定时给你吃饭；你再吵再闹，再不懂事儿，他都会很耐心地呵护你——一切我们奋斗的目标居然是回到你童年本来就有的那个状态而已。事实上，能混成这个状态就相当不容易了。

现在，一位老人在北京一个月要花一万多块钱，才能够过上这样的生活；而且这家养老院还不挣钱，因为他们的工作人员远远多于老年人。当我们老的时候，我们能够过上童年的那种生活吗？如果说我们的童年是几于混沌的，几于道德状态的，我们终其一生的努力，难道不也就仅此而已吗？你看一下霍金，你看一下另外一些政治家和伟人，他们其实都是这样。

养老院的创办人金博士跟我说：“你知道一个人到老的时候，他还需要讨好护士、讨好保姆是一种什么样的心情吗？”如果我们每个人的人生就是这样的一个循环，你又怎么知道我们这个世界不会如此呢？只不过把这个循环放在一个更遥远的历史长河中而已。

我们谈论这个话题的目的是什么？只有一个——在**生命的过程中，我们不要太着急往前赶，跑得再快也还是要注意未来的方向，因为你的方向、你的结果最好的状况，也不过是开始的那个状况而已。说话慢一点儿，做事情慢一点儿，谈恋爱慢一点儿，吃饭慢一点儿，抚养孩子慢一点儿……**

我想可能庄子在写到这一段的时候，也会有类似的情绪。一言以蔽之，一切事情刚开始的时候都是混沌而充满生机的，后来你开始做一件事，有了“成”，其代价就是你不能做别的事。但是，当你依次地“成”了这个，“成”了那个，就好像弹了这个音符，弹了那个音符，其实你已经离浑然的状态远了。你会持续地往前走，无论快慢，终有一天你会发现，自己无法同时弹出所有的音符，于是你又会回到那样一个不弹的状态，即无欲的状态。**这就像极了我们的人生，童年的时候是几于混沌的，什么都不懂；经过一辈子的奋斗，最终如果运气好的话，就能够回到童年的那个状态，这依然是成功的人生。**

齐物论

如果你体会到了一切都只不过是某件事情的结束，
也是某件事情的开始，
你就理解了这种圆环式的世界观。

第十章

你不仅仅是你，你还是谁呢

原典

今且有言于此，不知其与是类乎？其与是不类乎？类与不类，相与为类，则与彼无以异矣。虽然，请尝言之。有始也者，有未始有始也者，有未始有夫未始有始也者。有有也者，有无也者，有未始有无也者，有未始有夫未始有无也者。

可以这样说，同时又可以反过来说，才比较接近一件事情的本质

《齐物论》通篇都在讲《道德经》开始的那两句话——“道可，道非，恒道；名可，名非，恒名”，一件事情是这样，但同时不是这样，这就是这件事情的本质；一个概念，可以这样说，同时可以反过来说，才比较接近一件事情的本质。

之前的内容，我们强调了从“道可，道非，恒道”的层面去聊。从“今且有言于此，不知其与是类乎？其与是不类乎？类与不类，相与为类，则与彼无以异矣”这段开始，《庄子》在讨论一个问题，就是我们总是在文字概念中，定义一个东西，你把它定义了，就把它归

类了。但是，如果认真想想，任何一件事情，你不把它放到某个类别里面，不从概念上定义它，它就产生了一种更加深刻的、全然的体会。

试举一例，有一家卖水的公司叫“农夫山泉”，它说“我们不生产水”，本来大家都觉得你向它买水，它不生产水，那么，生产什么呢？它说“我们只是大自然的搬运工”。

你说梁冬，是梁冬吗？你要定义梁冬，最好的方法是说，他不是梁冬，他不是一个你想象中的梁冬，把你以前想象中的梁冬和你想象以外的梁冬分为两类。以前的梁冬在你心目当中，可能是那么一个圆头圆脑的，兼具满世界玩耍和偶尔跑到世界的角落里面玩耍的男生。但是，如果你从另外一个角度看，他从来就没有离开过这个快乐的世界，甚至有可能在他的心里面还住着一个女生。也许你就重新理解他了。他叫梁冬，他也可能叫“梁热”。

对任何一个东西进行概念化的定义都必须在另一个概念以外给它一个角落、一个位置、一个概念，把它们合到一起，就是关于这个东西的全部概念。

比如，我们说辅佐中国文化发扬光大，其实“辅”和“佐”是两回事儿。以前在讲《黄帝内经》的时候，徐文兵老师说“辅”是从正面帮助，“佐”是逆言而助，良药苦口，忠言逆耳，魏徵就被称为“左丞”。

中药里面的“君臣佐使”四种药，君药是主药，臣药是帮助君药加强药力的，佐药是制衡药性偏热和偏寒的，起到平衡作用，而使药是令其归经之药，让这些药入厥阴经或者阳明经。所以“佐”和“辅”是同一个大概念里面的类和非类，就像刚才说的“不知其与是类乎？其与是不类乎”。一个好的大臣或者一般好的大臣要有一个班底，这个班底里面有支持他的人和有以某种方式来提醒他的人，这个大臣才会做得好。

川菜的秘诀就是在“辣”里面。如果你吃过好的伤心凉粉（就是让人流眼泪的凉粉）、钟水饺，还有龙抄手，那种调料里面也就是辣椒里面加一点儿盐，还必然会加一点儿白糖，没有一碗好的钟水饺最难将息。辅佐是这样，咸甜是这样，是不是生产水也是这样？梁冬不是梁冬亦复这样，这就叫作“名可，名非，恒名”。

所谓向往，既代表对过去的迷恋，又代表对未来的展望

在中国的很多词语或者汉字里面，为了表达这种相辅相佐、相生相杀，同时奔向某个主题又有所区别的概念有很多。试举几例，我们说休息，“休”是停止，“息”是繁殖，滋生的意思。比如，休妻就是停止这一段夫妻关系；利息，就是停止增加钱的过程中它还在生长；息肉，就是不断生长的那坨肉。大禹治水的时候，他的父亲就是用一种特别的土来填水，就叫“息土”，就是把它扔在那边，它自己也会生长。

再比如，还有一个词，叫“向往”，“向”是对未来的展望，“往”是对过去的迷恋，所以向往既代表对过去的迷恋，又代表对未来的展望。我们很多人都简单地把它理解为对未来的展望，甚至还有一个字里面就代表了相反意思的。我们以前说过的“觉”，它既代表睡着，代表睡觉，又代表睡醒。还有一个字特别有意思，叫“志”，志向的“志”，它既代表志向，那是你的未来，但是一说“县志”大家就知道这里的“志”表示的又是相反的意思了——一个地方的志就是这里的记忆，它代表着这个地方的历史。

你会赫然发现，**在中国文化里面一直隐隐地藏着一种相扶相助、相生相杀的概念，而这种概念居然非常深入地注入了我们的文化血脉和语言文字当中。所以，语言，不是语言文字，或者不仅仅是语言文字，它是语言与文学、语言与文化**。这个国家的人们，每天使用的词语里面、吃的伤心凉粉和龙抄手里面，都包含了相生相杀的概念，就是既有促进又有克制。

没有相杀，怎么会有相生

很多年前，我采访过苏民峰，他是中国香港一位很著名的风水大师。那个时候，我每年都会代表凤凰卫视去采访他一次，聊聊当年的运程。采访结束以后，我们就在私下里聊一聊相合的问题。

比如，都说属虎的人和属猴的人正好差六，传说中是相克的。但是，我发现身边好多与属虎的人很亲密的人都属猴，于是我就悄悄地问苏民峰。苏民峰说："普通的术士都会告诉你这个和那个相冲，**其实没有相杀，怎么会有相生？有些时候这个杀不是指真正拿出刀来捅一下，而是克制，没有一个好的克制的方法，可能真的很难帮助你发芽。**"

院子里面的海棠花开了，非常美。然而，还有几枝就还没有发芽，北方的春天来得稍晚一些。一个朋友来了，说："梁爷，您这个院子的这些树枝春天是要发芽的，但你必须要剪枝，你把一些枝剪了之后，它才能够真正地长出新芽。"

所以，苏民峰说："**那些你生命中真正的大贵人**（他看了那么多年的项目，我不知道这个事情有没有科学根据，我只是陈述当年苏先生给我讲的他作为一个术士，跟我分享的他看了很多人的命盘之后得出的结论），**那些好像克制你的人，其实正是令你得以发展的人。"**

我近距离地观察了很多很成功的企业家，发现他们的婚姻都不是那么幸福，老婆总是让他们很痛苦。我以前觉得很奇怪，后来发现原因其实是这样的：老婆让他们痛苦，他们就要奋发图强，在外面工作，本来可回家可不回家的，却发现在外面工作更愉快，于是更努力地工作。但是，这些人又不会说"从此我就不回家"或者"我就斩断婚姻，我要追求幸福的爱情"。他们就巧妙地把这种不幸福的婚姻关系，转换为一种事业上的出口、努力和能量释放的方向。

古代的时候，如果女孩子太温柔、太性感或者各方面都特别好的话，她们的丈夫可能就会觉得，我这么努力不也就是为了过上这样的小日子吗？也许，他就不一定在工作上那么努力。

也许我这个例子不够全面，不过据我观察，在日常生活当中任何一个概念，当你把它换个角度来看，都会发现，它似乎也成立，我的重点就在这里。

所以，我们从“今且有言于此，不知其与是类乎？其与是不类乎”——“是这一类的，还是不是这一类的”这个话题讲起，说明任何一个概念——“名”，都可以是这样，但又可以不仅仅是这样。如果你是一个做广告文案的，面对一个卖车的客户，你只要说他卖的不仅仅是车，你的策略就打开了。

那么，你不仅仅是你，你还是谁呢？

说话，应无是非和机心

谁说中国古代没有哲学？读读下面这段话，你就能够理解中国古代的哲学家有多么高级的智慧。

“虽然，请尝言之。”意思就是，虽然一说便错，一说便不是我想说的那个概念，但是也请允许我尝试着讨论一下。

有始也者，有未始有始也者，有未始有夫未始有始也者。有有也者，有无也者，有未始有无也者，有未始有夫未始有无也者。

看到这里，你可能有点儿崩溃了吧？什么意思呢？

万事万物都有一个开始，叫作“有始也者”；有的还没有开始，还没有显现出来的样子就是“未始”；有的连开始的可能都没有。

有的人说言语是具体的、实在的，有的人说言语是虚无的，有的人说言语有无这样的争论都不应该说，有的人连认为言语是有实项的还是虚无的这个念头都不曾起过。

有的人说言语是虚无的，不知道“有言”是“无言”的开始，“无言”是“有言”的未萌——还没有发生。“有言”和“无言”是循环相应的，二者到底是谁有谁无呢？虽然我反对有言语，可是现在又不免被迫要试着去说它。我的言语全无是非的成见和言语的机心。所以，虽然“有言”，却不知道我究竟是曾说了还是不曾说了呢？

简而言之，庄子把自己带入了一个不得不说而又说不出来的那样一种境况，不是吗？世界上的很多事情往往就是这样。

睡不好觉，主要是因为白天你的身体不够累

我们很多时候晚上睡不好觉，原因居然是白天活蹦乱跳得不够。如果我们姑且称晚上的睡觉为阴，阴不好，就睡不好觉；而沉寂不足，则是因为阳不足。

现代科学已经很清晰地证明：一个人白天晒太阳越多，做体力劳动越多，晚上就越容易入睡。有很多人白天不晒太阳，也不运动，到了晚上他们就睡不着。

在我们医馆装修的过程中，装修师傅们都很辛苦、很累。有几个晚上，他们就在工地上打地铺，很快就睡着了。我看着很心疼，就对他们说：“你们可不可以

洗完澡，把自己弄得干干净净，然后再睡呢？”这些师傅却说：“哥，我哪有力气啊，还没碰到枕头我就睡着了。”我摇头（摇头表示赞叹，你会发现真正的赞叹都是摇头的，而大多数时候点头都是在表达“interesting”。其实，点头是否定，摇头才是肯定）。

为了要睡个好觉，我们很多人学习打坐、冥想、觉察等方法。其实，睡不好觉主要是因为白天我们的身体不够累，到了晚上，就需要心理上很累才行。

休息是一种很神奇的状态，有一些特别专注于脑力活动的人，他们想休息的时候，其实是休息不了的。因为他们白天不得不动用很多脑力去思考、计算、观察、记忆、做 PPT……

我们晚上可以用两种方法来休息：一种是直接去睡，但通常睡不好；实在睡不好的时候，其实可以集中脑力，用脑专注去做另外一件事，这叫“积极的休息”，比如打游戏。

好多知识分子平常很累，但是他们喜欢玩游戏，像斗地主、锄大地、德扑……其实大政治家、大知识分子的脑洞都会在其他类别上大开。因为，你要想让某一部分脑细胞神经元得到休息，那么你就要让其他部分的脑细胞神经元兴奋起来。

做不到“静中禅”，那就去“动中求禅”

大家都知道要无才能涅槃寂静，才能够无中生有，才能够愉快，但是你做不到怎么办？这叫作“静中禅”。“静中禅”如果做不到，那么，你应该怎么办呢？

其实，你可以做到“动中禅”。比如，打太极的时候，你不能做到一念都不生的话，就可以把念头专注在一件事情上，专注在你的动作上，专注在你的呼吸上，专注在你打这套拳的整个韵律和节奏上。

先人有云“止于一”，你不能做到无极，但你可以落到一上，无极生太极，太极生两仪，两仪生四象，四象生八卦，八卦之后六十四卦，六十四卦以后纷繁世界，幻象丛生。我们要做的事情就是从六十四回到八，从八回到四，从四回到二，从二回到一——虽然太极拳我打得不怎么样，但是口头禅秀得还可以，我是用讲庄子这件事情本身去“合于一”的。

春天来的时候让自己深深地陷入一场好梦当中，也许晚上会有雨——“春眠不觉晓，处处闻啼鸟。夜来风雨声，花落知多少。”

这篇的主题就是想说的和不想说的、概念的有和概念的无是循环相生的，就像一年一样，春天夏天，秋天冬天，又回到春天。如果你体会到了一切都只不过是某件事情的结束，也是某件事情的开始，你就理解了这种圆环式的世界观。

庄子用一系列有和无、一系列因和果，不断地告诉我们，当你开始建立起来一种圆环状的世界观时，你就不那么焦虑了。世界是一个圆环，时间也是。

如果你认为时间是线性的，认为今天过去就永远不会回来，你就会产生焦虑。如果你认为时间是环状的，你就会每天都活在相对安全的周而复始当中。

齐物论

内涵越小，外延越大，所谓大小，实际上看你用的是它的内涵还是它的外延。

第十一章

是什么在暗暗摧毁我们的人生

原典

天下莫大于秋毫之末，而大山为小；莫寿于殇子，而彭祖为夭。天地与我并生，而万物与我为一。既已为一矣，且得有言乎？既已谓之一矣，且得无言乎？一与言为二，二与一为三。自此以往，巧历不能得，而况其凡乎！

从精神层面上来看，寿命是没有长短分别的

天下莫大于秋毫之末，而大山为小；莫寿于殇子，而彭祖为夭。天地与我并生，而万物与我为一。

这段话是什么意思？物体其实没有大小的分别，若以对兴奋的满足为大，那么天底下没有什么东西比秋天兽毛的尖端更大的了，泰山也是小的。

从形体看上去，一个人的寿命好像是有长短的区别，但如果从精神层面上来看，寿命是没有长短的分别的。如果以对精神的满足为大，那么夭折的孩子的命要比彭

祖的更长。如果以秋天兽毛的尖端为大，那么天下又没有小了。如果以夭折的孩子为长寿的人，那么天下就没有短命的人了，如果以彭祖为短命的人，天下就没有长寿的人了。

实际上，庄子这些话很辩证，也很有哲学的味道。南老在《庄子諵譁》中讲道:“大小没有绝对的标准，你说什么叫大？这样大，那样大，大到那个无所说处最大，大到无法理解才算大；那也就是最小，就在眼前。小到没有办法再小的，看不见了，那就是最大，同虚空一样大。”

以前，我在读佛经的时候看到过“芥子中有须弥山”“螺蛳壳里做道场”，大家都觉得，这好像是关于哲学和概念的讨论。不过，今天好像越来越不是这样，我们可以从一个人身上提取出一个细胞，在不久的将来，这个细胞可以演化出无数人，我们把无数人聚合到一个宇宙的范围里面，也不过是一小粒尘埃。

所以，**“大和小”这种概念本身限制了我们很重要的精神自由度。**

内涵越小，外延越大

在商业领域，有很多人一辈子只做一件事情，他们也做得很大。我就见过那些在某个细分领域里面，比如只做纽扣的，也做成了“扣子大王”。还有很多人什么都做，不光是扣子、衣服，甚至衍生品都做。但是，他的公司总营业额还不如一个只做扣子的公司高。

之前，我看到一篇讲顺丰公司的文章。在整个电商行业里面，商品的设计、生产、销售、支付、运输、评价等是一根非常完整的链条，而快递只是这根链条中的一部分而已。但是，顺丰这家公司一上市，把大家都吓倒了，一个只做电商行业里面垂直细化的领域的企业，几乎比整个电商行业的其他公司（除了淘宝）都要大了。

讲到“大”“小”这个话题，庄子就说，“大和小”是很微妙的。如果你从物质的角度，也就是我们所习以为常的原子堆积的角度来说，你很容易看出一个东西比另一个东西大。但是，你以信息的角度来看，也许小的东西所包含的信息比大的东西要多得多。

以前不是常常讲到这样一个故事吗？不管你去问老和尚什么问题，老和尚都会只伸出一根手指头而不说话，越是这样的老和尚，越是永远不会有错误。你问：“我的爱情怎么办？”老和尚伸出一根手指头，让你自己去想。一天以后我就能碰到贵人，还是一辈子都没有贵人？那个真命天子是不是一辈子都不会出现？是我命里面带着一朵桃花，还是一吨桃花……

内涵越小，外延越大，所谓大小，实际上看你用的是它的内涵还是它的外延。

在饭桌上，爱热闹的人们七嘴八舌，只有一位哥们儿因为咽炎就没有说话。一顿饭下来，几位朋友都认为这位大哥真牛——他一句话不说，别人讲笑话的时候他也只是微微地笑；别人讲很冷的笑话，大家都笑不出来的时候，他也微微地笑，深不可测啊。

你怎么知道别人不是因为咽炎或者没听懂你说什么而产生这种情况呢？所有意思大都在你内心，而他所表现的信息量其实很少，不说话、没表情，于是就很“大”。这就叫作“天下莫大于秋毫之末，而大山为小；莫寿于殇子，而彭祖为夭。天地与我并生，而万物与我为一”。

人生所有的悲催都来自被自己预设的“有和无”“大和小”

曾经，吴伯凡来找我喝酒、喝茶、抽烟，不知道怎么就说起了穷人思维与富人思维。老吴说，据他这几年观察的结果，有些人就是穷人思维，有些人就是富人思维。我说，何以区分？他说，他认识一个人，欠着几百亿的债，在中国、美国的各种秀台上讲生态，恨不得天底下的事他都敢做——做车子、做电视、做手机、做房地产……

老吴说，他坐在台下看着这哥们儿，自己不由地摇头，心生赞叹：这哥们儿真有这么大的富人思维心量，明明都亏钱亏成这样了，还觉得天底下的钱都是他的。而有些人明明兜里还有很多钱，却总觉得我配吗？我值吗？我有吗？

我说："看来我此生只能成为一个穷人了。"为什么我不能成为那种人？其实，这并不是穷与富的差别，而是我们还活在"有"里面，而那些人活在"无"当中。他们活在"不管这些钱在不在自己的银行账上，反正都是老子的"这个虚妄的世界里。他想用钱，钱就是他的，只是现在暂时还没有拨到他的账户上而已，他不假思索地认为那就是自己的。

总而言之，**如果我们活在了"有和无""大和小"这种对立概念当中，就会使我们成为一个"小"人，而这是成为一个穷人的主要原因。**而有钱的人从来不担心自己没钱，那些不是自己的钱，他们都认为随时能用，能用就行了。

现在，再讲讲我一个朋友的故事。他是我们太安私塾第一期的同学，算是阿里的早期员工。后来，他出来创业，做了一家二手车交易的公司。他来和我聊，说想要做产业转型。我说:“你转型，究竟是怎么想的呢？”他说:“梁老师，我终于想明白了一件很重要的事情。”我说:“什么事？”他说:“将来的人一定越来越不希望拥有一辆车，买辆车还得存放，单位得有个停车的位置，家里得有个停车位——还得有车号。但是车买了以后马上就贬值，买的车越贵，贬值得越狠，只要是新车落地立马打八折，而且现在汽车更新得那么快，你刚买了一辆车，它又升级了。越是有钱的人越是不希望买一款很贵的。比如，买奔驰 S 级的人，刚买了两年，结果又推出一款新的 S600。那么，你说你花了一百多万买了一辆车，还是一辆上一代的、过时的车。”“你在传递什么信息？”我说:“你到底想说明什么？”

他说:“我明白了，人们真正想要的是随时可以用的一辆车，有时候我可以用滴滴打到车，有时候我可以去租一辆车。我开三个月的玛莎拉蒂，再开三个月的保时捷，再开三个月的路虎，换着开可能成本跟我开一辆车，一年折损的钱差不多。如果大家都意识到这一点的话，可能真的没有人买车了。现在，二手车市场的车商那里囤积了大量的二手车，各种年号的路虎，还有很多新车产能过剩，生产出来就堆在那儿。我为什么不把这些车盘活，做成一个可以用积分或者其他方法租用车的平台，最终你可以用不就完了吗？”

还是那句话“你可以用就行了”，你不一定要拥有它，这就是突破了“有和无”的概念，最后获得自由的一个活生生的例子，可能成为再过五年、十年、二十年的共享经济。

当这些变为真正的生活主流的时候，我们再来读一次《庄子》。那个时候，可能会有更多现实中的活生生的个案可以向我们阐释《庄子》是如何深刻地洞察到，我们所有的悲催都来自被自己预设的“有和无”“大和小”。

如果你认为小梁总是在重复着这样类似的观点，恭喜你答对了。《庄子》和《老子》，**还有我所读的所有经典都在讲同样的东西。你难道不觉得你明白了最重要的、最核心的东西之后，你就不怕被新的东西所摧毁了吗？**

没有任何人能确定自己到底活成什么样

上文我讲到了“而万物与我唯一”，下面我接着讲：“既已为一矣，且得有言乎？既已谓之一矣，且得无言乎？一与言为二，二与一为三。自此以往，巧历不能得，而况其凡乎！”既然世界是一体的，那么使用什么概念、言论去定义它呢？而万物通达一体，本是浑然一体，没有什么具体名称去定位的。但为了好理解，于是就为它取了一个名字，这样，被起了名字的“万物一体”和没起名字前的“万物一体——道德本体”加在一起就是两个——一个是道德本体，一个是关于道德本体的名称。

未有任何名称的“道德本体”是一个数，为“道德本体”取的名字是一个数，有了“道德本体”名字的“道德本体”又是一个数，它们加在一起就成为三个数。由此推展下去，就算那些在精算方面很厉害的人——“巧历”（精于数学的人）也是搞不定的，何况我们这些平凡人呢？

举一个简单的例子：你家里迎来了一个小宝宝。你可以说他是由受精卵发育而成，但也一定包含受精卵所能包含的这个世界的信息。他生下来以后就是一坨肉，会哭会闹，要吃奶，晚上不睡觉，反正就是这样一坨肉。结果，你给他起了个名字，叫作“李作生”——姑且叫这个名字吧，因为一般的人都作死，我们把他就叫“作生”，因为他是李作生，他又生发出另一个角色——你们的儿子。

本来，他是一个肉嘟嘟、内在饱含宇宙信息的“软硬一体件”（本体），叫“一”。有了一个“李作生”的名字后，就叫“二”。因为是你给他起的名字，而且他的身份是很确定的，经过DNA检测是你俩的亲生儿子，这第三个概念就是你们的儿子，这叫“三”。一个小宝宝就有三个概念了：1.没有名字的一坨肉；2.“李作生”；3.“儿子”。“一坨肉”“李作生”“儿子”就叫作“一”“二”“三”。

按这个逻辑推演下去，循环往复，一个小宝宝可以拥有多重身份——他可以是爷爷的孙子，可以是外公的外孙，可以是将来会生出来的弟弟李二生的哥哥，也可以是姑妈的侄儿，还可以是他未来老婆的老公……

所以这个概念无穷无尽，因为他注定在这辈子里面会有不同的生命版本。因为他被赋予的相对应的概念和所混迹的圈子以及相匹配的社会关系，就成为不同的人。

即便是一个超级算法工程师（巧历）来看一个人一生的命盘，也说不清楚他最终的身份是什么，最终混成什么样子——他可能会成为一个还不错的丈夫，当然代价可能就是会成为一个不那么孝顺的儿子——能把老公做好，就能把儿子做好吗？陪了老婆就不能陪妈——当然也有一些人很有智慧，他既不陪老婆也不陪妈妈，而是到外地工作。或许，这也是一种“跳出三界外，不在五行中”的智慧。

要想解决矛盾，最好的方式就是离开这个矛盾。就算是一个高级精算师，也无法在这些重重叠叠的人际关系当中确定一个人到底是混得好还是混得不好。“而况其凡乎！”——更何况像你我这种没有宏观视野，不能站在他的命盘各个方面来通盘考量，只是他朋友圈中的一个平凡人呢？甚至一个人，又如何真正知道自己到底应该活成什么样子呢？

既然不知道自己到底活成什么样，那么我们该如何自处

其实，庄子“而况其凡乎！”这句话道出了一个很有趣的主题——我们该如何自处？

以前，我曾经说过精神分裂者的春天已经来临，你在短短上厕所的时间内，就可以在几个朋友圈里面纵横捭阖、游荡无间，迅速切换身份、角色。

但时间长了，我相信你一定会产生一种需求——如果我不叫现在这个名字，没有这个身份，那我什么都不是，那我又是谁呢——我不是李作生，我不是儿子，我

也不是老公，那我是谁呢？马克思说，人是社会关系的总和。然也，对头，没错，是这样的。

虽然，以上我用了一串的肯定来肯定“我是社会关系的总和”，但我后面还是要说一句——你还是得明白自己是谁。

我们往往被自己所习惯的那个社会角色统治了所有思想，我们需要关注自己扮演的角色，但那不是全部，哪怕是万分之一、亿万分之一的时间，你也应该问一问，我这些都不是的时候，我是谁呢？我甚至连一坨肉都不是的时候，我是谁呢？

这件事很有趣，因为这件事你不去问的话，这辈子你都是一个戴着面具的人，只不过这个面具贴得太实在了，而且你从来不摘掉面具，时间长了，面具就长在了脸上。

不是吗？有很多女生把妆全卸完以后，看着镜子，会产生一种深深的绝望或者深深的陌生感：镜子里的这个人眉毛稀疏，没有眼影，没有美瞳，没有腮红，就这么披头散发，还是塌鼻梁，她是谁呢？

我不知道你是否愿意在某个时刻，去看自己的素颜。当然，这还仅仅是一层表象，因为我们其实还有一个素颜——闭上眼睛，连自己的那张脸都看不见的时候，你又是谁呢？如果一辈子你都没有去看过他（她），他（她）是多么受伤，多么无奈，你可以想象如果你是他（她），是一个一辈子都没有关注过自己的人——它形成一种对立的概念。

总之，那个在身体里面的最开始的“一”，也就是饱含宇宙信息的那个“一”，投身来到世界的那个你，本来是谁呢？

你可以成为自己想成为的人

如果你是一位女同学，我建议可以来做一个练习：每天晚上在睡觉前，闭上眼睛，告诉世界：我不是我妈的女儿，我不是我老公的太太，或者我不是我老公的管家，我不是我儿子的女奴，我也不是我们家狗的供养者，我也不是单位里面的一个工作人员……然后问自己：那我是谁呢？

这是一个有趣的练习，那种无所依附的、找不到自己是谁的感觉很奇妙。刚开始的时候，你会手足无措，不知道自己该怎么办，那种在荒原之中赤条条的感觉，会让你无所适从。不过不用害怕，那就是你的“一”，最开始的“一”，而你太长时间没有见过他（她）了。

这个“一”非常害羞，你对他（她）也非常陌生，但你要观想一个在荒原中的单独的人，试着去走近他（她），试着与他（她）合体，试着去倾听那么一个无助之人的诉求。这个练习可能刚开始的时候很困难，而且几乎无从入手。但经过一段时间后，比如几天或一周后，你再观想一个在荒原上的什么身份都没有、什么社会关系都没有、赤条条的一个人，你走过去，你跟他（她）合体的时候，慢慢慢慢地你会发展出一种状态。

你希望这个人成为什么样的人呢？你知道吗？大部分时候，我们都是站在化了装的、已经被各种社会关系捆绑的角色里面去思考自己要成为一个什么样的人。

这其实不能让你获得真正的自由，或者不能够帮助你真正洞察你可以或者你想成为的一个什么样的人。

如果你一旦有了一周或两周的练习，重新成为没有这一切束缚和现实基础的人，或者仅仅就是想成为的任何一种人——也许是想成为一个更苗条的人的时候，那你一定要问问自己：我为什么想成为那个苗条的人？这时，也许你又有了另一个想法：想成为一个很有钱的人，能够躺在一堆黄金（上面是珠宝，再上面是美元和人民币，可能还混杂着欧元）上仰天长笑。

我儿子玩的一款游戏，在 iPad 上可以生成一个角色，给他一匹马或者一辆车，选取一个生活场景，在草原、小镇，或者其他地方，然后你可以配上旁白，组成故事，甚至创造若干个角色，让他们彼此之间发生关系。

让我们再回到“一”，去重新想象你的愿景。然后问问自己：“为什么我想成为这样的人，我真的想成为这样的人吗？如果钱不是问题，体重不是问题，一切都可以心想事成，都不是问题的话，你想成为一个什么样的人？”

这个练习极其重要，可以说人生最重要的课程是在当下，学习让自己回到没有“二”（连名字都没有），没有“三”（没有你的角色），只有“一”的状态，重新想象自己的可能性。

很多人都说，如果我可以重活一辈子，我大概不会活错。为什么要等到最后一天你才说自己的问题呢？你为什么不在今天晚上睡觉的时候就做这个练习呢？上一次我做这个练习的时候，我清楚地看到了自己想成为什么样的人，希望你也可以成为你想成为的人。

齐物论

因为拥有了、明白了、透彻了而呈现出来的沉默，自然有一种无言的能量。

第十二章

人生的悲催就是『不知道自己想成为什么样的人』

原典

夫道未始有封，言未始有常，为是而有畛也。请言其畛。有左有右，有伦有义，有分有辩，有竞有争，此之谓八德。六合之外，圣人存而不论；六合之内，圣人论而不议；春秋经世先王之志，圣人议而不辩。故分也者，有不分也；辩也者，有不辩也。曰：何也？圣人怀之，众人辩之以相示也。故曰：辩也者，有不见也。

夫大道不称，大辩不言，大仁不仁，大廉不嗛，大勇不忮。道昭而不道，言辩而不及，仁常而不成，廉清而不信，勇忮而不成。五者无弃而几向方矣！故知止其所不知，至矣。孰知不言之辩，不道之道？若有能知，此之谓天府。注焉而不满，酌焉而不竭，而不知其所由来，此之谓葆光。

为什么大部分人临终时 都后悔自己一生中没有做什么

在上一篇，我们提到了一个内观冥想的方法，就是让自己回到“一”的状态——连名字都没有，甚至连性别也没有。意思是：如果给你一个机会，钱不是问题，能力不是问题，机缘不是问题，那么，你想叫什么名字？你愿意成为男人还是女人？你想长成什么样子？你想什么样的人与你长期共处？你想做什么事？你会如何度过平常的一天？你想赚多少钱？你想拥有一套什么样的房子……为什么？可以问一下自己以上所有这些问题，为什么你想这样？是因为别人都这样，还是你发自内心地希望那样？

我在蔡志忠老师那里学会了一样东西，他说很多人都习惯性地把自己已经拥有的东西设定为初始条件，就是在现有东西的基础上，去想自己可以怎样做。其实，还有一种做法是先不考虑这些，而是想想自己想达到什么样的结果，然后以终为始来倒推，去看如何成为你想成为的那个人。

很多人都问我，去烧香、祈祷有用吗？这种神里神气的东西有价值吗？我说未必有鬼神，但起码你可以把它当作你的“灵魂博客”。你可以在祈祷的时候发现自己要什么，而且重复祈祷还可以帮助你坚定地知道自己要什么，绝大部分人的人生悲剧都来自终其一生也不知道自己想成为什么样的人。

曾经，我在《冬吴相对论》里和吴伯凡讨论过一本书，这本书讲述了一个记者采访了很多人临终之前的体会。有意思的是，**绝大部分人很后悔在自己的一生中没有做什么，比如哪几件事情本来应该做，结果却没做之类的，很少有人后悔自己做过了什么。**难道这不正是一种有趣的提示吗？

为什么不想清楚你想成为什么样的人？立足庄子说的那个“一”的状态，再去想你真正想成为的那个样子。试着想一想，如果今天的你和二十年前的你对照来看，也是一个非常神奇的魔术——一个被魔法变出来的样子。为什么你不可以从现在开始努力变成你想成为的那个样子呢？

“孤独大脑”是一个很有意思的微信公众号，老喻是我的好朋友，他说种下一棵树最好的时间是十年前，其次比较好的时间，就是现在。

要做就做一个“不辩论，不是非”之人

也许这个开篇离《庄子》有点儿远，但其实这是上文中关于内在冥想内容的一部分，庄子在这段话的后面又谈到了关于道德的话题。

夫道未始有封，言未始有常，为是而有畛也。请言其畛。

其中，“畛”是田间分界的路。他说大部分语言或者态度立场都“有左有右，有伦有义，有分有辩，有竞有争，此之谓八德”。也就是说，不管怎么样你都可以用类似二分法的方式把它们进行分类。当然，他说的是当人们已经离开了原始状态之后，进入二元话题时的一种讨论。

六合之外，圣人存而不论。

“六合之外”，就是指前后左右上下，其代表的就是我们的空间。这句话的意思就是：只要是世界上发生的事情，只承认并接受其存在性，而不对其进行是非对错的判断。有句话叫“存在的就是合理的”，说的就是这个道理。

以前，我总觉得这句话隐隐得有点儿不对。不过，随着我的人生阅历不断丰富，我越来越觉得“可怜之人必有可恨之处”，某些人有某种生存的结果，也必然有其内在的原因。所以，嗔恨、同情、欢喜、对错，也许在圣人那里都是不存在的。他只是看着它、知道它，但不加以评判，这就叫作“圣人存而不论”。

那么，到底有没有鬼神？有没有超出我们的眼耳鼻舌身所能感触到的世界以外的东西呢？圣人说，我承认它可能有也可能没有，接受它的存在或者不存在，但并不讨论。

六合之内，圣人论而不议。

“六合之内”，就是在我们能感知的范畴之内；“圣人论而不议”，就是讨论它的机理，知道它的一些相关性、因果性等，但并不随便加以是非判断。

春秋经世先王之志，圣人议而不辩。

对于历史上各朝代的种种圣贤，他们的志向和所做的事情，圣人可以加以讨论，甚至给出一些是非的判断。但是，如果有人说不是这样的，圣人也不去强行辩论是他说的对还是自己说的对。因为圣人知道，就算是自己有某种判断，也没有必要去认为别人的判断是错的。

这一段很有意思，南老在《庄子諵譁》中讲道：“这几句话，几乎成为中国文化儒释道三家几千年来不易之论。也就是说，后来文化一切的观点，对于东方历史、哲学的看法，都是由这几句话做基础的。虽然各方面都加引用，尤其儒家更是很严重地引用，可是大家忘记这是出于庄子的思想，可以说是属于道家的思想。”

总之，庄子倾向于做一个“不辩论者”——一个不是非的人。单位里面有是非，主要的原因是因为有很多心里面存着是非的人，而这些是非只不过是说辞，背后是他们的价值观，以及利益的延展。难道这种是非真的有足够的力量去影响我们的判断吗？

很多时候，我们会被当下种种“是非观”所绑架，以至于离自己的“出厂状态”“本真”的样子越来越远。

享受过程，比享受结果更享受

我在日本常常见到一些做各种器物的人，比如做雕塑的、做壶的、做建筑的人，他们似乎不那么着急地要去成立一家上市公司，也不着急地要让自己的作品被炒作得很红。刚接触他们的时候，我认为因为他们的传承就这样，他们习惯这样做。后来，我发现他们享受的仅仅是做这件事情本身的快乐。

在正安，一些大夫看病看得很好，经常有能量很大的人对这些大夫说："干脆你去把这套方法结构化，然后我给你投资，把这套方法变成一种人工智能，然后你再培养徒弟，再开发周边产品，开家连锁店。"

但那些我尊敬的大夫都不约而同地选择了只做一个开方大夫的人生——每周用三天来读书、写字。其余四天，只约三十个至四十个病人，有时候甚至都看不了那么多，因为一些病人看诊需要大概十几分钟，甚至半个小时。试想一下，每天工作八个小时，每个病人需要二十分钟的话，也就只能看二十四个病人，这还是在一分钟都不休息的情况下。

所以，这样一个大夫一天能看的病人其实是很少的。然而，我发现他们真的活得很愉快，每天都在想这个病人的状况，这样下去又印证了自己的想法。所以“覆杯而愈”，吃三包药下去就有效果了，或者没效果，为什么？因为大夫去琢磨，去查古书，然后顿悟——原来表面上看来是失眠的问题，其实本质可能是肝郁、肾虚，或者脾虚——我后来发现可以把这个名字送给很多修行人：肾虚道长、脾虚师太，都挺如法的。

他们怎么解释这件事情不重要，重要的是他们活成了自己想成为的那个样子，而结果是这些大夫头发也不怎么白，活得很愉快，也广受尊重。这些大夫和日本的匠人很像，他们仅仅享受做这件事情本身，获得的所有成就和快乐就已经值回“票价”。而由于他们很享受做这件事情，最后得到了各种丰厚的回报，对他们来说那是自然而然的事情。

如果我按照自己的节奏去做事情，自然而然就会有同气相求的朋友遥相呼应、拈花一笑。以后会幻化出什么样的好结果，只需要等待就可以了。我上大学的时候，有三个主要的研究方向。其中一个方向是“中产阶级的困弱”。

1994—1995 年，我最喜欢的一本书叫《白领——美国的中产阶级》，里面有一句话给我非常大的震撼，美国的中产阶级是这样一群专门用来处理概念数字的人，他们不是很享受自己的工作，他们最大的梦想就是工作完之后用换来的钱去海边度假或购物。他们的快乐其实只有整个一年生命的十分之一都不到，而以前的一些工匠，每时每刻，只要他们在工作，就已经很快乐了。也许他们挣的钱不比那些白领高，但他所获得的快乐的成就，就是那一个积分，却是十倍于那些不那么喜欢自己工作的人。

从这个维度来看，一些人每天做的事情本身就是快乐的。时间长了，他们与那些想得到某个结果而把自己熬得很苦的人相比，差别真的很大。

假设你能够回到最开始的初始状态——要做一件什么样的事情？做这件事情本身就已经让你值回“票价”。

你喜欢现在的状态吗？如果不喜欢，那么立刻着手进行改变，成为自己想成为的人——我敢保证你一定可以成为自己想成为的人。

真理不是辩论出来的

上一篇说到“圣人议而不辩”，关于辩论这件事情，真是值得正在迈向更开放世界的中国人学习的东西。有时，我们会在公共媒体里面看到，一些国家的人为了一件事情辩论，显得很民主、很开放、很聪明的样子。

我认识很多公共知识分子，了解他们是如何看待公开辩论的。梁启超先生在他四十岁那年去的美国，他想看一下在那种权力制衡下的民主辩论之后，华人会产生什么变化。然而，他发现华人就算到了美国社会，在那样一个游戏规则很清楚的既定环境下，还过着过着就过成了一个类宗族社会（类似于宗族的社会）。那个时候，他有点儿沮丧。于是，回国以后，就不再那么执着地想在当时（清末民初）去推动一个所谓偏向美国式的政治结构。

梁先生曾经认为，他不对这件事情进行评价，只是跟大家分享。在谢玺璋先生的《梁启超传》里面是这样记录的，那个时候，梁启超先生认为中国或许采取君主立宪制的方式更合适。

当然，历史不是按照梁启超先生的设想去走的，但作为一位大知识分子，他有他的观察，有他的无力感，后来他就不再参与太多关于应该怎样设计顶层架构上的辩论，反而觉得与其做无用功不如回去把自己的孩子培养好。

你会发现一个很有意思的现象，梁启超先生的八个孩子都非常优秀。他们无论是在学术、事业，还是婚姻上，大抵来说仍然是那个时代文化巨子的孩子当中较为优秀的。

微信朋友圈里有一篇很流行的文章，意思就是我们欠梁启超的儿子——梁思成一个道歉。当年，梁思成先生就已经预言，北京如果按照那种工业化的大都市方式去设计，把城墙给拆了的话，是一件非常令人遗憾的事情。历史用了短短不到六十年的时间，证明了如果当时的北京按照梁思成先生的建议去设计的话，地球上会保留一个像古董一样美好的城市。庸俗点儿说，你到北京来别说买房子了，过来住一天都应该是买门票的，因为北京是一个巨大的公园。

庄子说“圣人议而不辩”，辩论这件事情到底有没有用呢？大家在一个好像很合理的框架下吵来吵去。纵观地球上各个国家，一些国家的议会上人们辩论得沸沸扬扬，甚至一些国家和地区还引入所谓的议会民主辩论制度，最后却变成相互指责、相互推诿、竞相作秀的结果。

在公司治理层面也是这样，以小梁亲身了解的，包括美国和中国的一些公司，本质上是强人管制的结果。**如果一家公司的老大没有想清楚，没能变成一个贤明的思想者和行动者的话，放手让大家自我制衡、自我平衡，结果往往带来的不是群策群力，而是相互的过度政治化的公司管理。**

其实，在家庭里面也是这样。如果家里面没有权威，而是势均力敌的话，夫妻都觉得凭什么要听对方的。最后只有一个结果，就是听儿子的或女儿的。而儿女还小，他们有时候未必能够站在一个相对完整的人生阅历的高度来看问题。所以，家里面就总是充满争吵。

有时候，我会很羡慕那些来自农村的朋友。在他们家里，老婆一言九鼎或者老公一言九鼎，遇到事情有人拍板——就这么定了。夫唱妇随或者妇唱夫随都可以，关键是谁适合。这个家决策迅速，就算是有不对的地方，大家迅速调整也还很好。

我看到很多家庭，用了两年时间去看房子，老公说要这套，老婆说要那套，结果比买哪套不买哪套更糟糕的情况是，最后哪套也没有买。其实，他们看过的房子，随便一套，在北京东三环以内，或者望京，或者海淀中关村，现在就值回“票价”了。只要是拍板儿买了，这事儿就结束了。

辩论这件事情，真是一件需要反复思量，从不同维度来看待的事情。**庄子认为，没有什么好辩论的，辩论这件事情毫无意义。**

小心那些用嘴上的
是非争辩来刷存在感的人

“圣人议而不辩”之后，庄子又讲到“故分也者，有不分也；辩也者，有不辩也。曰：何也？圣人怀之，众人辩之以相示也。故曰：辩也者，有不见也。夫大道不称，大辩不言，大仁不仁，大廉不嗛，大勇不忮。道昭而不道，言辩而不及，仁常而不成，廉清而不信，勇忮而不成”。

这段话有点儿长，我大致把现代文的意思跟大家讲讲：所以，辩论的发生是因为不曾见到“道”的大。大道是无可名称的，精于辩论的不用是非之论去使别人屈服，治人之人的仁爱是无心的，真正廉洁的人没有东西可以贪取，真正的超级勇士并不崇尚血气之勇，更无心害人。

大道，如果是用在外面教育别人的，就不是真正的大道；言语，若只是靠辩论而有恃无恐，一味依赖辩论的话，事物无穷，终会有不胜辩解的时候；仁爱，如果只是置于一处，就不能普及；廉洁，如果是在外面表示出来的，内中的清白实在就不可以相信；勇气，如果是用来伤人的话，必然遭到众人的忌恨，结果一无所成。

之前，电视剧《人民的名义》大热，萌萌的达康书记好像成为“男主角”了。你说他参与过什么辩论吗？他跟你讨论过问题吗？他甚至在廉洁和勇气真正彰显的时候，表现的并不是谦谦君子的样子。他就是上文中说的真正廉洁的人，无物可以贪取，忘记物我之间，所以外表反而没有谦谦的样子。

大勇不忮。道昭而不道。

慢慢地，我们会发现，在中国的文化体系里面，明白事儿的人是不需要天天打嘴炮的。

有什么好争辩的？事就是这个事，不管曾经说过什么，没说过什么，后来又怎么说了，因为什么，所以什么……你想一想身边是不是有这种非典型雄辩症患者？他们整天啥事也干不成，就知道跟你讲各种逻辑，参与各种理论讨论。

我开了太安私塾三年，见证了很多极其优秀的同学。他们最大的特点就是，每次来的时候主动帮其他同学搬椅子、搬桌子，下课之后作业写得很好，平常如果没有提问他，他就默默地写笔记，认真地读书，然后内化感受。他们写出来的文章清澈见底，直指人性，绝不喧哗。

我在他们身上看到了一种中国式有智慧的人的典型样子——不太善于用嘴上那些是非争辩来刷存在感。如果我们身上偶尔也沾染了靠嘴炮来刷存在感的恶习，我们一定要引以为戒。

“他说的我都知道，
我担心我说的他不知道。”

现在是一个视频内容非常发达的时代，用很多方式来给我们制造种种假象——一个人特别擅长夸夸其谈的话，他就能够把事做成。小梁就是这样一个反面例子，如果我把夸夸其谈的时间拿来做事的话，相信我的成就会远高于此。

当然，最后我找到了一个比较折中的方法，就是把说话变成主要的事业，除非你也愿意这样做，否则，与**其思考如何把事情讲得漂亮，不如思考你想成为一个什么样的人。在内心里面内化出一个悄悄地把事办成了而**

别人都不知道、没事儿偷着乐的人，暖暖地看见别人吹牛的样子，知道别人所说的一切而不予戳破。

在《世说新语》里面有一则故事，有一个人在饭桌上，看着一位朋友侃侃而谈，他却默默无言。后来，有人就问他为什么不说话。这个沉默的朋友就说：“他说的我都知道，我担心我说的他不知道。”多么高级，当你知道他不知道的事情时，你所呈现出来的沉默是一种什么样的淡定。

就像我曾经见过朋友开了一辆超豪华的跑车，他在另外一个朋友面前有意无意地低调炫耀。幸好我知道那个被炫耀的朋友家里面就是卖豪车的。真正高级的人是不需要买一辆玛莎拉蒂的，家里从劳斯莱斯到玛莎拉蒂都有，想开哪辆就开哪辆，还可以把它卖给别人，把钱收回来。

这种就是因为拥有了、明白了、透彻了而呈现出来的沉默，自然有一种无言的能量。

我建议大家哪天在一个饭局上时，不说话，但眼睛不要睁得很大，显出很狰狞的样子，而是用平常的目光看待饭桌上每个人所讲的笑话，以及对于宏观形势、海峡两岸、朝鲜局势、货币政策等的高谈阔论，暖暖地看着别人吹牛。一顿饭下来，你一定会觉得自己油然而生一种基于道德的成就感。如果多来几次这样的经历之后，你连这种成就感都不会有。你只是觉得应作如是观，想想都觉得好智慧！

要改变一个人的行为，跟他讲道理是没有用的

上一篇，我们讲到需要辩证地看辩论，一些人就认为辩论可以令事情越辩越明，还有一些人认为辩论会让事情越辩越乱。究竟真理是越辩越明还是越辩越乱？这背后其实有一个机理，就是持有这些说法的人是不是有道统。

什么叫“有道统”？我强烈建议大家有机会的话去不同的地方走走，接触不同的人，你会发现一些人不管做什么事情，都在向事情背后的某个东西致敬。

对于知道有道统的人来说，辩论就没有意义了。有时候，辩论只能让失利的人充满沮丧，让占上风的人在滔滔不绝的过程当中产生新的“我慢”——贪嗔痴慢疑的“慢”——自我的傲慢感。

在现实生活中，我发现了一个很有趣的事实，**绝大部分人行为的改变，都不是因为把道理讲清楚以后就改了的，道理只能带来“知道”“明白”“说不过你”……只有情绪和习惯，甚至恐惧会带来改变。**

由此，我发现了一个更有趣的事情，就是我们一直以为逻辑和道理可以用来指导我们的行动，其实非也。逻辑和道理只能用来解释我们的行动，我们说什么并不是因为自己这样认为，而是因为我们这样做了之后，要找到一套事情来合理化。

最明显的道理就是已经买了房子的人，就会去选取那些房子会一直上涨的信息，并不断强化，不断跟朋友分享；那些还没有买到房子的人，就倾向于去看那些房子马上就要崩盘的消息，而且心中充满了期待。

那些性格强悍的妈妈会有一套自己的逻辑，她们会告诉你，你不大声地叫出这个孩子的学名就不足以震慑他——“某某某，……”

我们每个人小时候可能都有这种经历，大人大声地叫出你的学名时，你大概知道问题严重了。当这个类型的妈妈陷在这种行为习惯里面的时候，她们会找出很多道理和逻辑来为自己的行为辩护。

所以，知识、逻辑和道理，都只能用来解释行为。那么，行为从哪里来呢？其实，行为是从习惯里来。那么，习惯又从哪里来？从最开始的养成以及后来你的心智模式里面的贪婪、欲望和恐惧里来。**要改变一个人的行为，跟他讲道理是没有用的。在这个世界上，每一种道理都是对的。**

庄子早就看到了这一点。所以，他才说“言辩而不及”“大辩不言”。“大辩”——超乎于辩论之上的，“不言”是没有话说的意思。

做才是得到

我们上次说到的话题就是雄辩解释主义分子是多么可怕。如果你发现身边有一个滔滔不绝的非典型性雄辩症患者，他事事都要和你对质，说你曾经说过什么，后来我又说过什么，然后你又说了什么……

请尽快远离这种人，否则你一定会充满挫折感。因为他有天生能记住你说的每一句话的能力。他有强大的体系，令你对自己充满确定的否认。但是，他能为你做什么呢？他除了证明你是错的而他是对的以外，什么也证明不了。

反过来说，我们是不是也是这样的人呢？我们证明了自己是对的，那又如何呢？你就算证明了别人的错又如何呢？**一个时常要证明自己是正确的人，只能代表他在心里面多么渴望被人认同——他不是错的，他值得被认为是对的。**

时间久了，你就会发现个中奥妙，以前我们常常说“为而不争”，意思是这件事情做了就不要争论。其实，还有一个更高层次的描述，就是当你做成了这件事情就没有什么好讨论的了。

你讲 ofo 对不对，Mobike（摩拜单车）模式走不走得通，同样彩虹色——红橙黄绿青蓝紫——各种颜色的自行车，十家公司中有一家公司最后跑出来了，另外的九家公司都失败了。可能刚开始他们都是用同样的模式，但最后活下来的那家公司，怎么说自己的商业逻辑都是对的，破产的公司怎么说都是错的，有什么好争论的呢？你一旦明白成王败寇的道理，就不太会去争论应该怎么办了。你就按照自己的想法去做就好了，做到了，不争论你也是对的；做不到，之前你辩论得再好，人家一问你为什么没有做到？你就傻眼了……

我常常和朋友们开玩笑：“财富自由之路我未必能帮你，心灵自由之路也许我能帮你。”我之所以敢这么说，主要是因为看见所有人都没有达到心灵自由。当你发现别人也没有达到心灵自由的时候，你就不是输的那个人，因为你没有败，所以是半赢，算是半成功，于是就接近心灵自由。简单来讲，就是发现别人也没有获得心灵自由，是让自己心灵自由的基础。明白这个道理之后，我舒服了好多。

其实，我的心里是相当不自由的。看到这里，你会不会觉得可以舒服一点儿呢？我在读《庄子》的时候，看着他大段大段地描述各种颇内高潮，我越来越在自由里面看到了他的不自由，一想到庄子其实也不自由，我就舒服多了。

发呆的人和
不发呆的人差别在哪里

孰知不言之辩？不道之道？若有能知，此之谓天府。注焉而不满，酌焉而不竭，而不知其所由来，此之谓葆光。

什么意思呢？安守自己的本分就是达到学的基点，谁能知道不用言语的辩论和不可名状的大道，就可以称之为达到天赋的境界？天赋就是浑然不知、无所不成的意思。如果用水来做比喻，把水灌进去，你也不觉得太满，把水取出来，你也不觉得太干，不知道它的源流来自何处，这就叫作“葆光”。外面的越灰暗，里面的越光明。

齊物論

本手册仅作为《梁冬说庄子·齐物论》赠品，供读者学习使用，禁止用作商业出售。

世有假寐而夢經百年者則無以明今之百年非假寐之夢者也周與胡蝶則必有分矣夫覺夢之分無異於死生之辯也今所以自喻適志由其分定非由無分也此之謂物化夫時不暫停而今不遂存故昨日之夢於今化矣死生之變豈異於此而勞心於其間哉方為此則不知彼夢為胡蝶是也取之於人則一生之中今不知後麗姬是也而愚者竊竊然自以為知生之可樂死之可苦未聞物化之謂也

○樂音洛

内外暢然俱得泯然無迹若乃責此近因而忘其自爾宗物於外喪主於内而愛尚生矣雖欲推而齊之然其所尚已存乎胷中何夷之得有哉○喪息浪反

昔者莊周夢為胡蝶栩栩然胡蝶也自喻適志與自快得意悦豫而行○○胡蝶徐徒協反司馬崔云蛺蝶也○栩徐況羽反喜貌崔本作翩喻李云喻快也與音餘下同崔云與哉

不知周也方其夢為胡蝶而不知周則與殊死不異也然所在無不適志則當生而係生者必當死而戀死矣由此觀之知夫在生而哀死者誤也

俄然覺則蘧蘧然周也自周而言故稱覺耳未必非夢也○覺古孝反○蘧徐音渠又其慮反李云有形貌崔作據據引大宗師云據然覺

不知周之夢為胡蝶與胡蝶之夢為周與今之不知胡蝶無異於夢之不知周也而各適一時之志則無以明胡蝶之不夢為周矣

以不識正由不待斯類而獨化故耳○蛇蚹音附徐又音敷司馬云謂蛇腹下齟齬可以行者也齟音士女反齬音魚女反蜩音條

惡識所以然惡識所以不然

世或謂罔兩待景景待形形待造物者請問夫造物者有邪無邪無也則胡能造物哉有也則不足以物衆形故明乎衆形之自物而後始可與言造物耳是以涉有物之域雖復罔兩未有不獨化於玄冥者也故造化者無主而物各自造物各自造而無所待焉此天地之正也故彼我相因形景俱生雖復玄合而非待也明斯理也將使萬物各反所宗於體中而不待乎外外無所謝而内無所矜是以誘然皆生而不知所以生同焉皆得而不知所以得也今罔兩之因景猶云俱生而非待也則萬物雖聚而共成乎天而皆歷然莫不獨見矣故罔兩非景之所制而景非形之所使形非無之所化也則化與不化然與不然從人之與由己莫不自爾吾安識其所以哉故任而不助則本末

極也忘年忘義振於無竟故寓諸無竟夫忘年故玄同死生忘義故彌貫是

非是非死生蕩而為一斯至理也至理暢於無極故寄之者不得有窮也○振如字崔云止也又之忍反竟如

字極也崔作境罔兩問景曰曩子行今子止曩子坐今子起何

其無特操與罔兩景外之微陰也○罔兩向云景之景也崔本作罔浪云有無之狀景映永反又

如字本或作影俗也曩徐乃蕩反李云曩者也無特本或作特崔云特辭也向云無特者行止無常也與音餘

景曰吾有待而然者邪言天機自爾坐起無待無待而獨得者孰知其故而責其所以

哉吾所待又有待而然者邪若責其所待而尋其所由則尋責無極卒至於無待

而獨化之理明矣吾待蛇蚹蜩翼邪若待蛇蚹蜩翼則無特操之所由未為難識也今所

彼也邪（各自正耳待彼不足以正此則天下莫能相正也故付之自正而至矣）何謂和之以天倪（天倪者自然之分也○和如字崔胡卧反天倪李音崔徐音詣郭音五底反李云分也崔云或作霓音同際也班固曰天研）曰是不是然不然是若果是也則是之異乎不是也亦無辯然若果然也則然之異乎不然也亦無辯（是非然否彼我更對故無辨無辨故和之以天倪安其自然之分而已不待彼以正此）化聲之相待若其不相待（是非之辯為化聲夫化聲之相待俱不足以相正故若不相待也）和之以天倪因之以曼衍所以窮年也（和之以自然之分任其無極之化尋斯以往則是非之境自泯而性命之致自窮也○曼徐音萬郭武半反衍徐以戰反司馬云曼衍無

誰使正之不知而後推不見而後辯辯之而不足以自信以其與物對也辯對終日黮闇至竟莫能正之故當付之自正耳○黮闇貪闇反李云黮闇不明貌使同乎若者正之既與若同矣惡能正之使同乎我者正之既同乎我矣惡能正之同故是之未足信也○惡音烏下皆同使異乎我與若者正之既異乎我與若矣惡能正之異故相非耳亦不足據使同乎我與若者正之既同乎我與若矣惡能正之是若果是則天下不得復有非之者也非若信非則亦無緣復有是之者也今是其所同而非其所異異同既具而是非無主故夫是非者生於好辯而休乎天均付之兩行而息乎自正也然則我與若與人俱不能相知也而待

未能忘言而神解故非大覺也○解音蟹下同予謂女夢亦夢也即復夢中之占夢也夫是以為夢猶未寤也況竊竊然自以為覺哉是其言也其名為弔詭夫非常之談故非常人之所知故謂之弔當卓詭而不識其懸解○弔如字音的至也詭九委反異也萬世之後而一遇大聖知其解者是旦暮遇之也言能蜕然無係而玄同死生者至希也○解音蟹徐戶解反蜕音帨又始銳反既使我與若辯矣若勝我我不若勝若果是也我果非也邪我勝若若不吾勝我果是也而果非也邪若而皆汝也其或是也其或非也邪其俱是也其俱非也邪我與若不能相知也則人固受其黮闇吾

田獵此寤寐之事變也事苟變情亦異則死生之願不得同矣故生時樂生則死時樂死矣死生雖異其於各得所願一也則何係哉樂音洛下同方其夢也不知其夢也由此觀之當死之時亦不知其死而自適其志也夢之中又占其夢焉夫夢者乃復夢中占其夢則無以異於寤者也覺而後知其夢也當所遇無不足也何為方生而憂死哉○覺音教下及注皆同且有大覺而後知此其大夢也夫大覺者聖人也大覺者乃知夫患慮在懷者皆未寤也而愚者自以為覺竊竊然知之君乎牧乎固哉夫愚者大夢而自以為寤故竊竊然以所好為君上而所惡為牧圉欣然信一家之偏見可謂固陋矣○竊竊司馬云猶察察也牧乎崔本作跂乎云踶跂強羊貌好呼報反注同惡烏路反丘也與女皆夢也

同背音佩予惡乎知惡死之非弱喪而不知歸者邪少而失其故居名為弱喪夫弱喪者遂安於所在而不知歸於故鄉也焉知生之非夫弱喪焉知死之非夫還歸而惡之哉○惡死烏路反注同喪息浪反注同少詩照反焉於虔反下同麗之姬艾封人之子也晉國之始得之也涕泣沾襟及其至於王所與王同筐牀食芻豢而後悔其泣也一生之內情變若此當此之日則不知彼況夫死生之變惡能相知哉○至於王所崔云六國時諸侯僭稱王因此謂獻公為王也筐本亦作匡徐起狂反牀徐音床司馬云筐牀安牀也崔云筐方也一云正牀也予惡乎知夫死者不悔其始之蘄生乎蘄求也○蘄音祈夢飲酒者旦而哭泣夢哭泣者旦而

緡也衆人役役馳騖於是非之境也聖人愚芚芚然無知而直往之貌○芚徐徒奔反郭治本反司馬云渾也不分察也崔云厚貌也或云束也李丑倫反參萬歲而一成純純者不雜者也夫舉萬歲而參其變而衆人謂之雜矣故役役然勞形怵心而去彼就此惟大聖無執故芚然直往而與變化為一一變化而常遊於獨者也故雖參糅億載千殊萬異道行之而成則古今一成也物謂之而然則萬物一然也無物不然無時不成斯可謂純也○怵勑律反糅如救反萬物盡然無物不然而以是相蘊蘊積也積是於萬歲則萬歲一是也積然於萬物則萬物盡然也故不知死生先後之所在彼我勝負之所如也○蘊本亦作縕徐於憤反郭於本反李於問反積也予惡乎知說生之非惑邪死生一也而獨說生欲與變化相背故未知其非惑也○惡音烏下惡乎皆同說音悅注

詩草木疏云大如班鳩綠色其肉甚美復扶又反下皆同下章注亦準此

予嘗為女妄言之

言之則孟浪也故試妄言之為于僞反

女以妄聽之奚

若正聽妄言復為大早計也故亦妄聽之何

旁日月挾宇宙

以死生為晝夜旁日月之喻也以萬物為一體挾宇宙之譬也○旁薄葬反徐扶葬反司馬云依也崔本作謗挾戶牒反崔本作扶宇宙治救反尸子云天地四方曰宇往古來今曰宙說文云舟輿所極覆曰宙

為其脗合置其滑涽以隸相尊

以有所賤故尊卑生焉而滑涽紛亂莫之能正各自是於一方矣故為脗然自合之道莫若置之勿言委之自爾也脗然無波際之謂也○脗本或作𦞦郭音泯徐武軫反李載粉反無波際之貌司馬云合也向音脣云若兩脣之相合也滑徐古沒反亂也向本作汩音同崔戶八反云栝口木也涽徐音昏向云汩涽未定之謂崔本作緍武巾反云

且女亦大早計見卵而求時夜見彈而求鴞炙夫物有自然理

有至極循而直往則冥然自合非所言也故言之者孟浪而聞之者聽熒熒雖復黃帝猶不能使萬物無懷而聽熒至竟故聖人付當於塵垢之外而玄合乎視聽之表照之以天而不逆計放之自爾而不推明也今瞿鵲子方聞孟浪之言而便以為妙道之行斯亦無異見卵而責司晨之功見彈而求鴞炙之實也夫不能安時處順而探變求化當生而慮死執是以辯非皆逆計之徒也

○孟如字徐武黨反或武葬反浪如字徐力蕩反向云孟浪音漫瀾無所趣舍之謂李云猶較略也崔云不精要之貌行如字又下孟反皇帝本又作黃帝聽勑定反熒音瑩磨之瑩本亦作瑩於迥反向司馬云聽熒疑惑也李云不光明貌崔云小明不大了也向崔本作䔫縈女音汝下同大音太徐李勑佐反注同時夜崔云時夜司夜謂雞也彈徒旦反鴞于驕反司馬云小鳩可炙毛

故死生若一而況利害之端乎況利害於死生愈不足以介意瞿鵲子問乎

長梧子曰吾聞諸夫子聖人不從事於務務自來而理自應耳非從而事之也○瞿其俱反長梧子李云居長梧下因以為名崔云名丘簡文云長梧封人也夫子向云瞿鵲之師

不就利不違害任而直前無所避就不喜求求之不喜直取不怒不緣道獨至者也

無謂有謂有謂無謂凡有稱謂者皆非吾所謂也彼各自謂耳故無彼有謂而有此無謂也稱尺正反下放此而遊乎塵垢之外凡非真性皆塵垢也而遊崔本作而施夫

子以為孟浪之言而我以為妙道之行也吾子以為奚

若長梧子曰是黃帝之所聽熒也而丘也何足以知之

之彼我無窮則是非之竟無常故惟莫之辯而任其自是然後蕩然俱得○樊音煩殽徐戶交反郭作散悉旦反之竟音境今本或作境下放此齧缺曰子不知利害則至人固不知利害乎未能妙其不知故猶嫌至人當知之斯懸之未解也○解音蟹王倪曰至人神矣無心而無不順大澤焚而不能熱河漢沍而不能寒疾雷破山風振海而不能驚夫神全形具而體與物冥者雖涉至變而未始非我故蕩然無蠆介於胷中也○沍戶故反徐又戶各反李戶格反向曰凍也崔云沍猶涸也蠆勑邁反又音豸介古邁反又音界若然者乘雲氣寄物而行非我動也騎日月有晝夜而無死生也而遊乎四海之外夫惟無其知而任天下之自為故馳萬物而不窮也死生無變於己與變為體

以為雌麋與鹿交鰌與魚游毛嬙麗姬人之所美也魚見之深入鳥見之高飛麋鹿見之決驟四者孰知天下之正色哉此畧舉四者以明天下所好之不同也不同者而非之則無以知所同之必是○猵篇面反徐敷面反又敷畏反郭李音偏狙七餘反司馬云狙一名獦牂似猨而狗頭憙與雌猨交也崔云猵狙一名獦牂其雄憙與猨雌為牝牡向云猵狙以猨為雌也獦音葛雌音妻一音如字毛嬙徐在良反司馬云毛嬙古美人一云越王美姬也麗姬力知反下同麗姬晉獻公之嬖以為夫人崔本作西施決喜缺反李云疾貌崔云疾走不顧為決徐古惠反郭音古穴反驟上救反又在遘反好呼報反自我觀之仁義之端是非之塗樊然殽亂吾惡能知其辯夫利於彼者或害於此而天下

則惴慄恂懼猨猴然乎哉三者孰知正處此畧舉三者以明萬物之異便○偏死司馬云偏枯死也䲡徐音秋司馬云魚名惴之瑞反慄音栗恂郭音荀徐音峻恐貌崔云戰也班固作眴也猨音猿猴音侯便婢面反民食芻豢麋鹿食薦蝍且甘帶鴟鴉耆鼠四者孰知正味此畧舉四者以明美惡之無主○芻初俱反小爾雅云秆謂之芻秆音古但反豢徐音患又胡滿反司馬云牛羊曰芻犬豕曰豢以所食得名也麋音眉薦牋練反司馬云美草也崔云甘草也郭璞云三蒼云六畜所食曰薦蝍音即且字或作蛆子徐反李云蝍且蟲名也廣雅云蜈公也爾雅云蒺藜蝍蛆郭璞注云似蝗大腹長角能食蛇腦蒺音疾藜音梨帶如字崔云蛇也司馬云小蛇也蝍蛆好食其眼鴟尺夷反鴉本亦作鵶於加反崔云烏也耆市志反字或作嗜崔本作甘惡烏路反猨猵狙

不知邪曰吾惡乎知之若自知其所不知即為有知有知則不能任羣才之自當然則物無知邪曰吾惡乎知之都不知乃曠然無不任矣雖然嘗試言之以其不知故未敢正言試言之耳庸詎知吾所謂知之非不知邪魚游於水水物所同咸謂之知然自魚觀之則向所謂知者復為不知矣夫蛣蜣之知非於轉丸而笑蛣蜣者乃以蘊合為貴故所同之知未可正據○庸詎徐本作巨具庶反郭音鉅李云庸用也詎何也猶言何用也服虔云詎猶未也復扶又反蛣丘一反蜣丘良反爾雅云蛣蜣蜣蜋也庸詎知吾所謂不知之非知邪所謂不知者直是不同耳亦自一家之知且吾嘗試問乎女已不知其正故試問女○女音汝注及下同已音紀民溼寢則腰疾偏死鰌然乎哉木處

也朝直遥反舜曰夫三子者猶存乎蓬艾之間夫物之所安無陋也則蓬艾乃三子之妙處也○處昌慮反若不釋然何哉昔者十日並出萬物皆照夫重明登天六合俱照無有蓬艾而不光被也○重直龍反被皮寄反而況德之進乎日者乎夫日月雖無私於照猶有所不及德則無不得也而今欲奪蓬艾之願而伐使從已於至道豈弘哉故不釋然神解耳若乃物暢其性各安其所安無遠近幽深付之自若皆得其極則彼無不當而我無不怡也○解音蟹齧缺問乎王倪曰子知物之所同是乎曰吾惡乎知之所同未必是所異不獨非而彼我莫能相正故無所用其知○齧五結反缺丘悅反王倪徐五嵇反李音詣高士傳云王倪堯時賢人也天地篇云齧缺之師惡音烏下皆同子知子之所

徐其衣反向方本亦作嚮音同下皆放此近附近之近遠于萬反故知止其所不知至矣所不知者皆性分之外也故止於所知之內而至也孰知不言之辯不道之道若有能知此之謂天府浩然都任之也注焉而不滿酌焉而不竭至人之心若鏡應而不藏故曠然無盈虛之變也○注徐之喻反而不知其所由來至理之來自然無迹此之謂葆光任其自明故其光不弊也○葆光音保崔云若有若無謂之葆光故昔者堯問於舜曰我欲伐宗膾胥敖南面而不釋然其故何也於安任之道未弘故聽朝而不怡也將寄明齊一之理於大聖故發自怪之問以起對也○膾古外反胥息徐反華胥國敖徐五高反司馬云宗膾胥敖三國名也崔云宗一也膾二也胥敖三

稱付之自稱無所稱謂○稱尺證反注同大辯不言已自別也大仁不仁無愛而自存也大廉不嗛夫至足者物之去來非我也故無所容其嗛盈○嗛郭欺簟反徐音謙大勇不忮無往而不順故能無險而不往○忮徐之豉反又音豉李之移反害也李云健也道昭而不道以此明彼彼此俱失矣○昭音照言辯而不及不能及其自分仁常而不成物無常愛而常愛必不周廉清而不信激然廉清貪名者耳非真廉也勇忮而不成忮逆之勇天下共疾之無敢舉足之地也五者园而幾向方矣此五者皆以有為傷當者也不能止乎本性而求外無已夫外不可求而求之譬猶以圓學方以魚慕鳥耳雖希翼鸞鳳擬規日月此愈近彼愈遠實學彌得而性彌失故齊物而偏尚之累去矣○园崔音刓徐五丸反司馬云圓也郭音團幾

爭鬬之爭注同此之謂八德略而判之有此八德六合之外聖人存而不論夫六合之外謂萬物性分之表耳夫物之性表雖有理存焉而非性分之內則未嘗以感聖人也故聖人未嘗論之若論之則是引萬物使學其所不能也故不論其外而八畛同於自得也六合之內聖人論而不議陳其性而安之春秋經世先王之志聖人議而不辯順其成迹而擬乎至當之極不執其所是以非衆人也故分也者有不分也辯也者有不辯也夫物物自分事事自別而欲由己以分別之者不見彼之自別也○分如字下及注同曰何也聖人懷之以不辯為懷耳聖人無懷衆人辯之以相示也故曰辯也者有不見也不見彼之自辨故辯己所知以示之夫大道不

三況尋其支流凡物殊稱雖有善數莫之能紀也故一之者與彼未殊而忘一者無言而自一○稱尺證反數色主反

故自無適有以至於三而況自有適有乎夫一無言也而有言則至三況尋其末數其可窮乎無適焉因是已各止於其所能乃最是也

夫道未始有封宜然無不在也夫道未始有封崔云齊物七章此連上章而班固說在外篇言未始有常彼此言之故是非無定主為是而有畛也道無封故萬物得恣其分域○為于偽反畛徐之忍反郭李音真謂封域畛陌也

請言其畛有左有右各異便也○有左有右崔本作有在宥也便婢面反有倫有義物物有理事事有宜○有倫有義崔本作有論有議有分有辯羣分而類別也○分如字注同別彼列反下皆同有競有爭並逐曰競對辯曰爭○爭

無小無大無壽無夭是以蟪蛄不羨大椿而欣然自得斥鴳不貴天池而榮願以足苟足於天然而安其性命故雖天地未足為壽而與我並生萬物未足為異而與我同得則天地之生又何不並萬物之得又何不一哉○秋豪如字依字應作毫司馬云兎毫在秋而成王逸任楚辭云鋭毛也案毛至秋而耎細故以喻小也大山音泰殤子短命者也或云年十九以下為殤

既已為一矣且得有言乎

萬物萬形同於自得其得一也已自一矣理無所言

既已謂之一矣且得無言乎

夫名謂生於不明者也物或不能自明其一而以此逐彼故謂一以正之既謂之一即是有言矣

一與言為二二與一為三自此以往巧歷不能得而況其凡乎

夫以言言一而一非言也則一與言為二矣一既一矣言又二之有一有二得不謂之三乎夫以一言言一猶乃成

忘其知也爾乃俄然始了無耳了無則天地萬物彼我是非豁然確斯也○俄徐音義確苦角反斯又作澌音賜李思利反今我則已有謂矣謂無是非即復有謂○復扶又反而未知吾所謂之其果有謂乎其果無謂乎又不知謂之有無爾乃蕩然無纖芥於胷中也○芥古邁反又音界天下莫大於秋豪之末而大山為小莫壽乎殤子而彭祖為夭天地與我並生而萬物與我為一夫以形相對則大山大於秋豪也若各據其性分物冥其極則形大未為有餘形小不為不足苟各足於其性則秋豪不獨小其小而大山不獨大其大矣若以性足為大則天下之足未有過於秋豪也若性足者非大則雖大山亦可稱小矣故曰天下莫大於秋豪之末而大山為小大山為小則天下無大矣秋豪為大則天下無小矣

類則我以無為是而彼以無為非斯不類矣然此雖是非不同亦固未免於有是非也則與彼類矣故曰類與不類又相與為類則與彼無以異也然則將大不類莫若無心既遣是非又遣其遣遣之又遣之以至於無遣然後無遣無不遣而是非自去矣

雖然請嘗言之至理無言言則與類故試寄言之有始也者有始則有終有未始有始也者謂無終始而一死生有未始有夫未始有始也者夫一之者未若不一而自齊斯又忘其一也有有也者有有則美惡是非具也有無也者有無而未知無無也則是非好惡猶未離懷○好惡並如字離力智反有未始有無也者知無無矣而猶未能無知有未始有夫未始有無也者俄而有無矣而未知有無之果孰有孰無也此都

成乎物與我無成也物皆自明而不明彼若彼不明即謂不成則萬物皆相與無成矣故聖人不顯此以耀彼不捨己而逐物從而任之各冥其所能故曲成而不遺也今三子欲以已之所好明示於彼不亦妄乎是故滑疑之耀聖人之所圖也為是不用而寓諸庸此之謂以明夫聖人無我者也故滑疑之耀則圖而域之恢恑憰怪則通而一之使羣異各安其所安衆人不失其所是則已不用於物而萬物之用用矣物皆自用則孰是孰非哉故雖放蕩之變屈奇之異曲而從之寄之自用則用雖萬殊歷然自明○滑古沒反司馬云亂也屈求物反

今且有言於此不知其與是類乎其與是不類乎類與不類相與為類則與彼無以異矣今以言無是非則不知其與言有者類乎不類乎欲謂之

也知音智瞑亡千反皆其盛者也故載之末年賴其盛故能久不爾早困也○故載
之末年崔云書之於今也惟其好之也以異於彼言此三子惟獨好其所明自以殊於
衆人其好之也欲以明之明示衆人欲使同乎我之所好彼非所明而明
之故以堅白之昧終是猶對牛鼓簧耳彼竟不明故已之道術終於昧然也○堅白司馬
云謂堅石白馬之辯也又云公孫龍有卒劔之法謂之堅白崔同又云或曰設矛伐之說為堅辯白馬之名為
白簧音黃而其子又以文之綸終終身無成昭文之子又乃終文之緒亦卒
不成○綸音倫崔云琴瑟弦也若是而可謂成乎雖我亦成也此三子雖求明
於彼彼竟不明所以終身無成若三子而可謂成則雖我之不成亦可謂成也若是而不可謂

之所以虧愛之所以成道虧則情有所偏而愛有所成未能忘愛釋私玄同彼我也果且有成與虧乎哉果且無成與虧乎哉有之與無斯不能知乃至有成與虧故昭氏之鼓琴也無成與虧故昭氏之不鼓琴也夫聲不可勝舉也故吹管操弦雖有繁手遺聲多矣而執籥鳴弦者欲以彰聲也彰聲而聲遺不彰聲而聲全故欲成而虧之者昭文之鼓琴也不成而無虧者昭文之不鼓琴也○勝音升操七刀反籥羊灼反昭文司馬云古善琴者昭文之鼓琴也師曠之枝策也惠子之據梧也三子之知幾乎幾盡也夫三子者皆欲辨非己所明以明之故知盡慮窮形勞神倦或枝策假寐或據梧而瞑○枝策司馬云枝柱也策杖也崔云舉杖以擊節梧音吾司馬云梧琴也崔云琴瑟

馬云狙公典狙官也崔云養狙者也李云老狙也廣雅云狙獼猴芧音序徐食汝反李音予司馬云橡子也朝三莫四司馬云朝三升莫四升也好呼報反下文皆同是以聖人和之以是非而休乎天鈞○莫之偏任故付之自均而止也鈞本又作均崔云鈞陶鈞也是之謂兩行任天下之是非

古之人其知有所至矣惡乎至有以為未始有物者至矣盡矣不可以加矣此忘天地遺萬物外不察乎宇宙内不覺其一身故能曠然無累與物俱往而無所不應也其次以為有物矣而未始有封也雖未都忘猶能忘其彼此其次以為有封焉而未始有是非也雖未能忘彼此猶能忘彼此之是非也是非之彰也道之所以虧也無是非道乃全也

用也者通也通也者得也夫達者無滯於一方故忽然自忘而寄當於自用自用者莫不條暢而自得也適得而幾矣幾盡也至理盡於自得也○幾音機盡也下同徐具衣反因是已達者因而不作已而不知其然謂之道夫達者之因是豈知因為善而因之哉不知所以因而自因耳故謂之道也○謂之道向郭絕句崔讀謂之道勞云因自然是道之功也勞神明為一而不知其同也謂之朝三何謂朝三曰狙公賦芧曰朝三而莫四衆狙皆怒曰然則朝四而莫三衆狙皆悅名實未虧而喜怒為用亦因是也夫達者之於一豈勞神哉若勞神明於為一不足賴也與彼不一者無以異矣亦同衆狙之惑因所好而自是也○狙公七徐反又緇慮反司

厲醜而西施好所謂齊者豈必齊形狀同規矩哉故舉
縱橫好醜恢恑憰怪各然其所然各可其所可則形雖
萬殊而性同得故曰道通為一也○無物不然無物不
可崔本此下更有可於可而不可於不可不可於不可
而可於可可為于僞反下為是皆同莛徐音庭李音挺司
馬云屋梁也楹音盈司馬云屋柱也厲如字惡也李音
賴司馬云病癩西施司馬云夏姬也案句踐所獻吳王
美女也恢徐苦回反大也郭苦虺反簡文本作弔恑九
委反徐九彼反李云戾也憰怪音決李云憰乖也怪異也縱本亦作從將容反其分也成也夫物
或此以為散而彼以為成○分如字其成也毀也我之所謂成而彼或謂之毀凡物無
成與毀復通為一夫成毀者生於自見而不見彼也故無成與毀猶無是與非也○復扶又
反惟達者知通為一為是不用而寓諸庸庸也者用也

均於相非則天下無是同於自是則天下無非何以明其然邪是若果是則天下不得復有非之者也非若果非亦不得復有是之者也今是非無主紛然殽亂明此區區者各信其偏見而同於一致耳仰觀俯察莫不皆然是以至人知天地一指也萬物一馬也故浩然大寧而天地萬物各得其分同於自得而無是無非也○天地一指也萬物一馬也崔云指百體之一體馬萬物之一物浩户老反

可乎可可於己者即謂之可不可乎不可不可於己者即謂之不可道行之而成無不成也物謂之而然無不然也惡乎然然於然惡乎不然不然於不然物固有所然物固有所可各然其所然各可其所可無物不然無物不可故為是舉莛與楹厲與西施恢恑憰怪道通為一夫莛橫而楹縱

重音樞始得其環中以應無窮夫是非反覆相尋無窮故謂之環環中空矣今以是非為環而得其中者無是無非也無是無非故能應夫是非是非無窮故應亦無窮是亦一無窮非亦一無窮也天下莫不自是而莫不相非故一是一非兩行無窮惟涉空得中者曠然無懷乘之以遊也故曰莫若以明以指喻指之非指不若以非指喻指之非指也以馬喻馬之非馬不若以非馬喻馬之非馬也天地一指也萬物一馬也夫自是而非彼彼我之常情也故以我指喻彼指則彼指於我指獨為非指矣此以指喻指之非指也若覆以彼指還喻我指則我指於彼指復為非指矣此以非指喻指之非指也將明無是無非莫若反覆相喻反覆相喻則彼之與我既同於自是又均於相非

無生無死無可無不可故儒墨之辨吾所不能同也至於各冥其分吾所不能異也是以聖人不由而照之于天亦因是也夫懷豁者因天下之是非而自無是非也故不由是非之塗而是非無患不當者直明其天然而無所奪故也是亦彼也我亦為彼所彼彼亦是也彼亦自以為是彼亦一是非此亦一是非此亦自是而非彼彼亦自是而非此此與彼各有一是一非於體中也果且有彼是乎哉果且無彼是乎哉今欲謂彼為彼而彼復自是欲謂是為是而是復為彼所彼故彼是有無未果定也○復扶又反下同彼是莫得其偶謂之道樞偶對也彼是相對而聖人兩順之故無心者與物冥而未嘗有對於天下也此居其樞要而會其玄極以應夫無方也○樞尺朱反樞要也應應對之應前注同後可以意求不復

相明反覆相明則所是者非是而所非者非非矣非非則無非非是則無是○覆芳服反下同

物無非彼物無非是物皆自是故無非是物皆相彼故無非彼無非彼則天下無是矣無非是則天下無彼矣無彼無是所以玄同也

自彼則不見自知則知之故曰彼出於是是亦因彼夫物之偏也皆不見彼之所見而獨自知其所知自知其所知則自以為是自以為是則以彼為非矣故曰彼出於是是亦因彼彼是相因而生者也

彼是方生之說也雖然方生方死方死方生方可方不可方不可方可因是因非因非因是夫死生之變猶春秋冬夏四時行耳故生死之狀雖異其於各安所遇一也今生者方自謂生為生而死者方自謂生為死則無生矣生者方自謂死為死而死者方自謂死為生則無死矣

有真偽言惡乎隱而有是非道焉不在言何隱蔽而有真偽是非之名紛然而起道惡乎往而不存言皆存○惡音烏下皆同真偽一本作真詭崔本作真然焉於虔反惡乎存而不可皆可道隱於小成言隱於榮華夫小成榮華自隱於道而道不可隱則真偽是非者行於榮華而止於實當見於小成而滅於大全也○當丁浪反後可以意求不復重出見賢遍反故有儒墨之是非以是其所非而非其所是儒墨更相是非而天下皆儒墨也故百家並起各私所見而未始出其方也○更音庚欲是其所非而非其所是則莫若以明夫有是有非者儒墨之所是也無是無非者儒墨之所非也今欲是儒墨之所非而非儒墨之所是者乃欲明無是無非也欲明無是無非則莫若還以儒墨反覆

至崔云昔夕也向云昔者昨日之謂也

是以無有為有。無有為有，雖有神禹且不能知，吾獨且奈何哉！

理無是非，而或者以為有，此以無有為有也。或心已成，雖聖人不能解，故付之自若而不強知也。○強，其丈反。

夫言非吹也，言者有言，

各有所說，故異於吹。○吹如字，又叱瑞反。崔云：吹猶籟也。

其所言者特未定也。

我以為是而彼以為非，彼之所是，我又非之，故未定也。未定也者，由彼我之情偏。

果有言邪？

以為有言邪，然未足以有所定。

其未嘗有言邪？

以為無言邪，則據已已有言。

其以為異於鷇音，亦有辯乎，其無辯乎？

夫言與鷇音，其致一也，有辯無辯，誠未可定也。天下之情不必同，而所言不能異，故是非紛紜，莫知所定。○鷇，苦豆反，李音殼，司馬云：鳥子欲出者也。

道惡乎隱而

芒乎其我獨芒而人亦有不芒者乎凡此上事皆不知所以然而然故曰芒也今夫知者皆不知所以知而自知矣生者不知所以生而自生矣萬物雖異至於生不由知則未有不同者也故天下莫不芒也○芒莫剛反又音亡芒芒昧也簡文云芒同也夫隨其成心而師之誰獨且無師乎夫心之足以制一身之用者謂之成心人自師其成心則人各自有師矣人各自有師故付之而自當奚必知代而心自取者有之愚者與有焉夫以成代不成非知也心自得耳故愚者亦師其成心未肯用其所謂短而舍其所謂長者也○與音豫舍音捨字亦作捨下同未成乎心而有是非是今日適越而昔至也今日適越昨日何由至哉未成乎心是非何由生哉明夫是非者羣品之所不能無故至人兩順之○昔

馳而莫之能止不亦悲乎羣品云云逆順相交各信其偏見而恣其所行莫能自反此比衆人之所悲者亦可悲矣而衆人未嘗以此為悲者性然故也物各性然又何物足悲哉終身役役而不見其成功夫物情無極知足者鮮故得此不止復逐於彼皆疲役終身未厭其志死而後已故其成功者無時可見也○鮮息淺反薾然疲役而不知其所歸可不哀邪凡物各以所好役其形骸至於疲困薾然不知所以好此之歸趣云何也○薾然乃結反徐李乃協反崔音捻云忘貌簡文云疲病困之狀好呼報反下同人謂之不死奚益言其實與死同其形化其心與之然可不謂大哀乎言其心形並馳困而不反比於凡人所哀則此真哀之大也然凡人未嘗以此為哀則凡所哀者不足哀也人之生也固若是

臣妾不足以相治乎夫臣妾但各當其分耳未為不足以相治也相治也者若手足耳目四支百體各有所司而更相御用也○更音庚其遞相為君臣乎夫時之所賢者為君才不應世者為臣若天之自高地之自卑首自在上足自居下豈有遞哉雖無錯於當而必自當也○遞音第徐又音第應應對之應錯七索反下同其有真君存焉任之而自爾則非偽也如求得其情與不得無益損乎其真凡得真性用其自為者雖復皂隸猶不顧毀譽而自安其業故知與不知皆自若也若乃開希幸之路以下冒上物喪其真人忘其本則毀譽之間俯仰失錯也○復扶又反下同譽音餘喪息浪反一受其成形不亡以待盡言物各有分故知者守知以待終而愚者抱愚以至死豈有能中易其性者也與物相刃相靡其行盡如

見其形不見所以得行之形有情而無形情當其物故形不別見也○當丁浪反下皆同見賢遍反百骸九竅六藏賅而存焉付之自然而莫不皆存也○骸户皆反六藏才浪反案心肺肝脾腎謂之五藏大小腸膀胱三焦謂之六府身別有九藏氣天地人天以候頭角之氣人候耳目之氣地候口齒之氣三部各有天地人三三而九神藏五形藏四故九今此云六藏未見所出賅徐古來反司馬云備也小爾雅同簡文云兼也吾誰與為親直自存耳汝皆說之乎其有私焉皆說之則是有所私也有私則不能賅而存矣故不說而自存不為而自生也○皆說音悅注同今本多即作悅字後皆放此如是皆有為臣妾乎若皆私之則志過其分上下相冒而莫為臣妾矣臣妾之才而不安臣妾之任則失矣故知君臣上下手足外內乃天理自然豈直人之所為哉其

○蒸之膺反菌其隕反向云結也上時掌反日夜相代乎前而莫知其所萌
日夜相代代故以新也夫天地萬物變化日新與時俱往何物萌之哉自然而然耳○萌武耕反已乎
已乎旦暮得此其所由以生乎言其自生○暮本又作莫音同非彼無
我非我無所取是亦近矣彼自然也自然生我我自然生故自然者即我之自然豈
遠之哉而不知其所為使凡物云云皆百爾耳非相為使也故任之而理自至矣○相為
于偽反下未為同若有真宰而特不得其眹萬物萬情趣舍不同有若真宰使之
然也起索真宰之眹迹而亦終不得則明物皆自然無使物然也○特崔云特辭也眹李除忍反兆也○趣七
喻反字或作取舍音捨或音赦下皆放此索所百反可行已信今夫行者信己可得行也而不

明徐武耕反郭武病反其殺如秋冬以言其日消也其衰殺日消有如此者○殺色界反徐色例反注同其溺之所為之不可使復之也其溺而遂往有如此者○溺奴狄反郭奴徼反其厭也如緘以言其老洫也其厭沒於欲老而愈洫有如此者○厭於葉反徐於冉反又於感反緘徐古咸反洫本亦作溢同音逸郭許鵙反又已質反近死之心莫使復陽也其利患輕禍陰結遂志有如此者○近附近之近復陽陽謂生也喜怒哀樂慮嘆變慹姚佚啟態此蓋性情之異者○樂音洛慹之涉反司馬云不動貌姚郭音遥徐李勑弔反佚音逸態勑代反李又奴載反樂出虛蒸成菌此蓋事變之異也自此以上略舉天籟之無方自此以下明無方之自然也物各自然不知所以然而然則形雖彌異自然彌同也

大言炎炎，小言詹詹。此蓋言語之異○炎炎于廉于凡二反又音談李作淡徒濫反李頤云同是非也簡文云美盛貌詹詹音占李頤云小篇之貌崔本作閻

其寐也魂交，其覺也形開。此蓋寤寐之異○魂交司馬云精神交錯也覺古孝反形開司馬云目開意悟也

與接為構，日以心鬭。縵者，窖者，密者。此蓋交接之異○與接為構司馬云人道交接構結驩愛也縵末旦反簡文云寬心也窖古孝反司馬云深也李云穴也案穴地藏穀曰窖簡文云深心也

小恐惴惴，大恐縵縵。此蓋恐悸之異○恐曲勇反下及注同惴之瑞反李云小心貌爾雅云懼也縵縵李云齊死生貌悸其季反

其發若機栝，其司是非之謂也；其留如詛盟，其守勝之謂也。此蓋動止之異○機栝古活反機弩牙栝箭栝詛惻據反盟音

天籟子綦曰夫吹萬不同而使其自已也此天籟也夫天籟者豈復別有一物哉即衆竅比竹之屬接乎有生之類會而共成一天耳無既無矣則不能生有有之未生又不能為生然則生生者誰哉塊然而自生耳自生耳非我生也我既不能生物物亦不能生我則我自然矣自已而然則謂之天然天然耳非為也故以天言之以天言之所以明其自然也豈蒼蒼之謂哉而或者謂天籟役物使從已也夫天且不能自有況能有物哉故天也者萬物之總名也莫適為天誰主役物乎故物各自生而無所出焉此天道也○比毗志反又必履反李扶必反注同復扶又反適丁歷反

咸其自取怒者其誰邪物皆自得之耳誰主怒之使然哉此重明天籟也○重直用反

大知閑閑小知間間此蓋知之不同知音智下及註同閑閑李云無所容貌簡文云廣博之貌間間古閑反有所間別也

于而隨者唱喁泠風則小和飄風則大和夫聲之宮商雖千變萬化唱和大小莫不稱其所受而各當其分○唱于如字喁五恭反徐又音愚又五斗反李云于喁聲之相和也泠風音零李云泠泠小風也和胡卧反下及注皆同飄風鼻遥反又符遥反李敷遥反司馬云疾風也爾雅云回風為飄稱尺證反分符問反下不出者同厲風濟則衆竅為虛濟止也烈風作則衆竅實及其止則衆竅虛虛實雖異其於各得則同○厲風司馬云大風向郭云烈風濟子細反向云止也而獨不見之調調之刀刀乎調調刀刀動搖貌也言物聲既異而形之動搖亦又不同也動雖不同其得齊一耳豈調調獨是而刀刀獨非乎○調音條刀徐都堯反向云調調刀刀皆動搖貌搖如字又羊照反子游曰地籟則衆竅是已人籟則比竹是已敢問

似枅似圈似臼似洼者似污者此畧舉衆竅之所似○竅崔本作窾似鼻似口

司馬云言風吹竅穴動作或似人鼻或似人口枅音雞又音肩字林云柱上方木也簡文云欂櫨也似圈起權反郭音權杯圈也徐其阮反言如羊豕之闌圈也臼其九反洼烏攜反李於花反又烏乖反郭烏蛙反司馬云若洼曲污音烏司馬云若污下

激者謞者叱者吸者叫者譹者宎者咬者此略舉衆竅之聲殊○激經歷反如水激也李古弔反司馬云聲若激喚也李又驅弔反謞音考李虛交反簡文云若箭去之聲司馬云若讙謞聲叱昌實反徐音七司馬云若叱咄聲吸許及反司馬云若噓吸聲也叫古弔反郭古幼反李居耀反司馬云若叫呼聲也譹音豪郭又戶報反司馬云若譹哭聲宎徐於堯反一音杳又於弔反司馬云深者也若深宎宎然咬於交反或音狡司馬云聲哀切咬咬然又許拜反

前者唱

方子綦曰夫大塊噫氣其名為風大塊者無物也夫噫氣者豈有物哉氣塊然而自噫耳物之生也莫不塊然而自生則塊然之體大矣故遂以大塊為名○塊苦怪反李苦對反說文同云俗由字也徐口回反徐李又胡罪反郭又苦猥反司馬云大朴之貌衆家或作大槐班固同淮南子作大昧解者或以為無或以為元氣或以為混成或以為天謬也噫乙戒反注同一音蔭是惟無作作則萬竅怒呺言風惟無作作則萬竅皆怒動而為聲也○竅苦弔反呺胡刀反徐又許口反又胡到反而獨不聞之翏翏乎長風之聲○翏良救反又六收反長風聲也李本作飂音同又力竹反山林之畏佳大風之所扇動也○畏於鬼反郭烏罪反崔本作嵔佳醉癸反徐子唯反郭祖罪反李諸鬼反李頤云畏佳山阜貌大木百圍之竅穴似鼻似口似耳

若游塵動止之容吾所不能一也其於無心而自得吾所不能一也○顏成子游李云子綦弟子也姓顏名偃謚成字子游何居如字又音姬司馬云猶故也槁枯老反注同家音寂本亦作寂寞本亦作漠今之隱机者非昔之隱机者也子游常見隱机者而未見若子綦也子綦曰偃不亦善乎而問之也今者吾喪我汝知之乎吾喪我我自忘矣我自忘矣天下有何物足識哉故都忘外內然後超然俱得女聞人籟而未聞地籟女聞地籟而未聞天籟夫籟簫也夫簫管參差宮商異律故音短長高下萬殊之聲聲雖萬殊而所稟之度一也然則優劣無所錯其間矣況之風物異音同是而咸自取焉則天地之籟見矣○女音汝下皆同本亦作汝籟力帶反夫音扶參初林反差初宜反錯七故反見賢遍反子游曰敢問其

莊子內篇齊物論第二

夫自是而非彼美己而惡人物莫不皆然然故是非雖異而彼我均也○論力頓反李如字惡烏路反

南郭子綦隱机而坐仰天而噓嗒焉似喪其耦同天人均彼我故外無與為歡而荅焉解體若失其配匹○南郭子綦音其司馬云居南郭因為號隱於靳反馮也机音紀李本作几噓音虛吐氣為噓向云息也嗒本又作荅同吐荅反又都納反注同解體貌喪息浪反下同耦本又作偶五口反匹也對也司馬云耦身也身與神為耦顏成子游立侍乎前曰何居乎形固可使如槁木而心固可使如死灰乎死灰槁木取其寂寞無情耳夫任自然而忘是非者其體中獨任天真而已又何所有哉故止若立枯木動若運槁枝坐若死灰行

齐物论

梁冬说庄子

钦定四库全书《庄子·齐物论》手抄本

注焉而不满，酌焉而不竭，而不知其所由来，此之谓葆光。

南老对此句的注解是："这个心里的能量、道的能量、身心的能量，是哪里来的呢？无所从来，亦无所去，不知道来源，不知道去处，这个样子就叫作'葆光'。"

有一种人就是这样，什么叫作高级的人？我曾经认识一位先生，我去拜访他，初次见面，似乎我讲的东西也能跟他对上话，感觉还比他高半格，但当我努力让自己讲更多、更高级、更深奥的东西时，他好像永远也只比我低半格，并没有显得差很远。后来，我又看见一个比我高很多的人，一起聊天的时候，我发现这位先生还是只比那个人低半格。突然，我意识到了他能够控制自己与任何人都差半格，让你感觉他只比你低半格。你给他讲很多，他好像也能够接得住你，饭桌上突然冷场了，他也不着急成为第一个说话的人。

说到此处，我们再来做一个简单的日常练习。譬如，在一个饭桌上，六七个人一起吃饭，有时候会突然冷场，你观察一下谁会是在这种突然冷场之后第一个说话的人。我有一个朋友就说，他发现自己就是这样的人，他观察过我，似乎我曾经也是这样的人。

我发现有一种人，他在大家都在沉默冷场的时候，也不着急要表达什么，但没话说的时候，他的神态也不尴尬，这种状态就叫作“葆光”。你可以想象有这样的朋友吗？不强行刷存在感，没人理他的时候，他也怡然自得，但每个人都知道他很厉害。那么，他是怎样让别人感到他很厉害的呢？并不是因为他说得多，而是他能够在不解释、不辩论、不抢先发言，而且还在不发呆的状况下呈现出一种自在。

有一种人坐在那里不玩手机、不看报纸、不玩指甲的话，他们的两眼是直的，是发呆的状态；还有一种人，他们不玩手机、不看报纸，也不玩指甲，他们就不发呆。你发现发呆的人和不发呆的人的差别在哪里了吗？不发呆的人就是讲内在修养的人。

庄子曾经讲过一个故事，一头母猪躺在那里睡午觉，一群小猪去吃奶。这头母猪一死，小猪马上就都知道了。按道理说这头母猪也没动，是什么东西变化了呢？

所以，沉默是一种表象，支撑你沉默的内在心智模式、情绪状态、你是否知道别人说的东西，以及你是否有刷存在感的自信都决定你沉默的魅力所在——同样是沉默，差别却很大。

我们生活在当代，最大的乐趣就是看见满世界都是刷存在感的人。如果你意识到你曾经是这样的人，如果你意识到你可以知道一切或者尽可能地知道更多，但你不争辩、不解释，只是按照自己的节奏去走，做你该做的事，就自然会长出一种魅力和福德。

《圣经》上有一句话大致是这样，有福的人会按照自己的节奏生长，无论生活的洪流如何，不紧不慢、不徐不疾。我觉得这就是一个人的魅力。不点破、不解释、不辩论，按照自己的节奏做事情。坚持这个方法练习三十天，你就会发现一些神奇的改变。注意，如果不得不说话的话，慢一点。其实，暖暖地看着别人吹牛也是一种很开心的心理状态。

齐物论

我们的所有烦恼
都是因为内在所拥有的还不够多，
甚至包括内在的成就感和烦恼都不够多。

第十三章

『哥，您多大的人物啊，还为这点儿小事烦恼？』

——放松的智慧

原典

故昔者尧问于舜曰：『我欲伐宗、脍、胥敖，南面而不释然。其故何也？』

舜曰：『夫三子者，犹存乎蓬艾之间。若不释然，何哉？昔者十日并出，万物皆照，而况德之进乎日者乎！』

我们的所有烦恼，
都是因为内在所拥有的还不够多

上文中，我们一直在聊一个话题：一位内心世界丰富、内在自我满足感比较强的人，是不屑于在琐事上进行辩论解释的，他也不太愿意去刷存在感，多一点儿也不觉得多，少一点儿也不觉得少。为了说明这个故事，庄子还描述了一段尧和舜的对话——在孔子那里，尧、舜、禹都是完美的人，但在庄子这里，他也经常拿尧、舜、禹来开玩笑。

这一天，庄子又设计了一个故事，主人公就是尧和舜，舜是尧的接班人。所以，在尧做皇帝的时候，舜就在他旁边辅佐他。有一天，尧跟舜说："我一直想把宗、脍、胥敖这三个小国给灭了，每次上朝的时候一想到这几个小国还没灭掉，心里就觉得不舒服，到底这是为什么呢？"舜说："这三个小国的国君就好像生存在蓬蒿艾草之中，您何必放心不下？过去听说有十个太阳一同升起，普照万物，更何况大道的光辉更胜过太阳。"

我以前读这段故事的时候有点儿不知所云，字面上的意思都知道，但庄子到底想说什么呢？我们把这个情景放到现在，假设你是一个只有十个员工的公司的老板，有位同事突然提出要离职，你一定觉得很难受。但是，如果你拥有一家十万人的公司，这一天有一百个人离职，你可能也不觉得这是什么大事儿了，这是你的格局和你所处盘子的大小决定的。

所以，舜对尧开玩笑："你都拥有那么大的国家了，要从那三个小国里获取利益，拿就好了，你为什么一定要把它消灭了才能干这事儿呢？"

以前，社会风气没有那么好的时候，我们去某些地方吃饭，眼睛都不敢乱看，有时候你可能不小心抬头看了一眼某人，那个人就拿着一个酒瓶子过来说："你瞅啥，信不信我削你？"怎么会有人因为你看了他一眼，就要把你暴打一顿？反过来，他的内心得是多么没有安全感，才会因为你看了他一眼就害怕呢？

其实，庄子讲的这个故事说的就是这样的事情。舜说："哥，您多大的人物啊，还为这点儿小事烦恼？您是与大道同齐的人，您就像是同时拥有十个太阳的能量场一样的人，怎么会为这点儿小事而烦恼呢？"

一言以蔽之，我们所有的烦恼都是因为内在所拥有的还不够多，甚至包括内在的成就感和烦恼都不够多。

把自己放在一个大格局里，事情就变小了

现在，很多朋友都在讨论房价，不如我们把时间和空间挪一下。假如你了解在二三十年前或者十多年前，有一个叙利亚的中产阶级朋友，他在为自己没有买到一套学区房而捶胸顿足，而你又知道从大的历史宏观背景来看，他买不买到房子都不重要，因为那套房子再过几年就会被美军给炸了，一个导弹过来，整个小区都没有了，还买学区房？连学校都没有了。

再比如，曾经有一个厂长，因为会计做账不漂亮而大发雷霆，引发脑溢血。其实，你知道不管他有没有引发脑溢血，两三年之后，这个厂子就被公私合营了，甭

管你以前是多大的企业主，再过两年所有的财产都直接充公了，那你说他因为会计没把账做好而辗转反侧，甚至脑溢血有意义吗？

现在，很多人因为孩子的考试成绩不理想、小提琴没有拉准、作业没有做好、造句没有写得主谓宾足够清楚……跟儿女大发脾气，我认为都是孩子太少的缘故。

我以前认识一位朋友，他们家有十几个孩子。他跟我说，有一天，他的一个哥哥从炕上摔下来，他妈都没有发现，还带着其他孩子在吃饭。如果这种情况发生在现在的某个家庭里面，孩子从桌子上摔了下来，直接摔晕了，三个小时之后才清醒过来，你得害怕成什么样子？结果，对于一个有十几个孩子的母亲来说，那根本就不是事儿。

我认为，《庄子·内篇·逍遥游》讲的“逍遥”，是说要把自己放在一个大格局里面成长的，这样，就不觉得自己的那点儿事儿是大事了，放在一个历史长河里面看问题，你就不觉得当前有什么事儿是值得生气的。

有一段时间，我做了一个行为艺术，到处去找九十岁以上的老先生聊天。有一个老先生跟我说过一个事儿。他说，有一次他正在和邻居下棋。有人跑过来说："你们家着火了！"他说："着了吗？"对方说："着了。"他却说："着都着了，还有什么好着急的？烧吧，都已经着了，你能怎么着？"他哈哈大笑说这事儿的时候，我才知道他为什么活到九十几岁还红光满面，还跟二三十岁的小女孩谈恋爱。这是真人真事，别人能活成那样真是有原因的。

北京大学哲学系有一个很有趣的现象，七八十岁的老先生参加聚餐还只能坐在后面，因为前面还有一群八九十岁的人在那儿。北大哲学系里面的那些老先生不仅不养生，还抽烟喝酒，就是活得久也不锻炼，也不体检。后来有朋友告诉我，因为他们都是大哲学家，每天思考的问题都是宇宙的问题，他们天天都琢磨这些事儿，所以自己那点小事儿就真不是事儿。

尧和舜的这个故事，直到今天我才仿佛有点儿听懂了。

乱什么不能乱心

北京电视台有一档栏目，就是专门讲家长里短的。我看着电视里面的亲生父子，为了几千元或者几万元，在那里较真儿，还振振有词，竟然上升到伦理、对错、是非的层面。**一个天天活在这事儿对不对、是不是、非不非里面的人，都是因为没有站在全息的角度看待世界。**

那么，什么叫全息？就是你看见一个杯子的时候，你有八只眼睛，一只眼睛看见这个杯子的正面，一只眼睛看见这个杯子的背面，一只眼睛从杯子里面往外看，一只眼睛通过宇宙的角度看这个杯子，一只眼睛在杯子的陶瓷缝儿里面看——竟然看见了缝儿里面的一个裂缝，甚至还有一只眼睛长在这个杯子的过去的时间状态里面去看，还有一只眼睛，看到这个杯子在五秒钟之后可能就掉地上摔坏了……如果你同时拥有这八只眼睛看杯子，你会怎样看？你会认为这个杯子是好还是坏？这个杯子是不是漂亮，是不是古董，是不是值钱，有意义吗？你只会产生一种情绪，叫“大辩不言”，就是无话可说。

如果去龙门石窟、莫高窟或者西安的一些古老的寺庙，甚至去日本的话，你就更能够看见那些动辄八百年甚至一千多年的寺庙里面的塑像，每当这时，我都会情不自禁地练习。这个练习就是，如果我像这些菩萨，哪怕是个泥菩萨。**如果你像石菩萨在那儿坐了一千多年，看到了无数人来这里祈求，考好试，升官，老公不要红杏出墙，老婆最好自己提出离婚……各种诉求都汇总到你这里的时候，一开始你可能还会说，我怎样帮你解决？时间长了，你可能只有一种态度，就是待着而已。**

我有一位好朋友，她和我分享过她的教育心得。她有两个女儿，她们经常为某些事情吵架争论，还各自跑到她这里来告状。开始的时候，她总想把自己带进场景里，把她们两个人找过来讲一讲，事情是什么样子的，到底当时是谁先动的手，然后再说说自己的看法。比如，假设孩子打架的话，谁先骂的人，然后谁要向谁道歉，等等。不过，她后来发现养了两个孩子一段时间以后，她学会了不听、不看、不说、不评论、不裁判，让她们自己解决。结果，过了一段时间，她发现这些孩子打归打，过会儿又忘了。为看节目的事儿，一个新的冲突就开始了，或者说又为了一个共同的目标开始合作了。她就找到了一种当妈妈的感觉。

曾经有人问我，皇帝为什么戴的帽子前面有一排珠帘，甚至一些皇帝上朝的时候耳朵里面还塞一块布？其实，他们就是害怕有人来搬弄是非，我参他一本，他奏我一章。好的皇帝用那个珠帘来提醒自己，头一乱心就乱，那顶帽子前面的珠帘就会乱晃。他就是用那排珠帘来提醒自己，怎样能够上完一个早朝之后，珠帘都没动。

我们打坐的时候点一炷香，如果正常情况下，而室内的空气又很稳定的话，烟会一直往上走的。如果你的心一乱，气场就会乱，连香都会乱的。

之前，我们为广大的朋友做一款脑波测试的游戏。在手上佩戴一个感应器（大概就像那种量血压的东西一样），然后电脑屏幕上显示出一条鱼，当你保持专注不去想而放松的时候，这条鱼就会慢慢潜入水底，把水底的金币吃了，像游戏一样。你一分神或一起心动念，鱼马上就浮上来。据说，这是 NASA（美国航空航天局）的一款专门训练宇航员放松而专注的脑波测试仪器。现在，它变成一些培养儿童专注力的工具应用。我想这大概就是那种况味——放松，不说话、不辩论，连在心里面的解释、辩论都没有，了了分明，如如不动。

只是待着，你觉得这样做好像很消极，但你怎么知道自己不会因为这样的练习，而成为一个超强上网的 Wi-Fi 通路呢？手机在高铁上自然是信号不稳定的，但只要方向摆得对，哪怕只是放着，手机下载就会很快，上传也快，打电话也顺畅。

舜这样对尧说："你在内心里面拥有巨大的信息储存，可以 Wi-Fi、5G 甚至 8G 上网，你和大道——背后云端的无量数据库是随时保持通畅的，那种状态就像十个太阳一样充沛。如果你是那样的一个人，你会为有没有消灭几个国家而惴惴不安吗？”

如果你是一个睚眦必报的人，别人的嘴角都足以伤害你，让你生起要报复的心，那你得多么痛苦啊！

齐物论

改变并决定我们人生命运的事情，
都是那些看似没有用的事。

第十四章

你每天花多少时间在自己喜欢但无用的事情上

原典

啮缺问乎王倪曰：『子知物之所同是乎？』

曰：『吾恶乎知之！』

『子知子之所不知邪？』

曰：『吾恶乎知之！』

『然则物无知邪？』

曰：『吾恶乎知之！虽然，尝试言之：庸讵知吾所谓知之非不知邪？庸讵知吾所谓不知之非知邪？且吾尝试问乎女：民湿寝则腰疾偏死，鳅然乎哉？木处则惴慄恂惧，猨猴然乎哉？三者孰知正处？民食刍豢，麋鹿食荐，蝍蛆甘带，鸱鸦耆鼠，四者孰知正味？猨猵狙以为雌，麋与鹿交，鳅与鱼游。毛嫱丽姬，人之所美也；鱼见之深入，鸟见之高飞，麋鹿见之决骤，四者孰知天下之正色哉？自我观之，仁义之端，是非之涂，樊然淆乱，吾恶能知其辩！』

啮缺曰：『子不知利害，则至人固不知利害乎？』

王倪曰：『至人神矣！大泽焚而不能热，河汉沍而不能寒，疾雷破山、飘风振海而不能惊。若然者，乘云气，骑日月，而游乎四海之外，死生无变于己，而况利害之端乎！』

智慧就是找到
“不同事物之间的相同之处”

《庄子》曾经提到过两个人，一个叫作“啮缺”，一个叫作“王倪”，他们都是神仙级的人物，啮缺是王倪的学生。

在《齐物论》里面，庄子再次把这两位神仙搬出来，好比在舞台上用追光灯一打，故事场景又突然切换到这边。庄子就是这样，讲完一个故事之后，中间没有任何过渡，紧接着讲下一个故事。

有时候，我们要看到庄子那种游走的感觉——或许这两者是一样的。庄子这样一个神编剧兼神导演，又开启了一个新颖而有趣的舞台。

啮缺问王倪："你知道万事万物共同的地方吗？"他似乎是在问老师知道天下那个底层的原始代码——可以支撑一切并幻化出一切的东西吗？

曾经有一个朋友跟我讲，一般的智慧讲的是 What's the difference——事物和事物之间的不同。所以，当你知道这个东西和那个东西不一样的时候，你就成为一位 professor（教授），也叫作"专业人士"——有智慧的人士。但是，在印度的梵语里面有一个词叫"般若"，大致的意思就是强调事物和事物之间相同的部分，甚至事物和非事物、时间和跨时间、时间和时间以外共同的东西。

其实，这个概念在《庄子》里面也有，用的是"同是"这两个字。

人活着，要无聊得起、无用得起

有趣的是，学生怎么能够问老师这个问题？学生和老师之间在很多时候并不是真的谁比谁高。我觉得，学生只不过显得比老师年轻一点儿、喜欢站在一个提问者的角度上而已。实际上，啮缺也已经恍惚知道这个世界上有一样东西，是原始的、基本的、大同的、底层的东西，它会演化出万物，是一切的根本。

从这一点上来说，怎么会有人问出这样一个问题："你知道所有事情最底层的能够变化出所有不同的一致的东西吗？"

那么，什么是《齐物论》？就是在讲到底有没有这个问题所直指本体的那个东西。学生问老师的问题，往往代表了他的世界观，也代表着他已经知道的东西，更代表了他对老师道行的理解。

王倪说："我怎么会知道呢！"然后，啮缺又追问："那你知不知道什么是你不知道的？""我怎么会知道呢！"老师就用这两个"我怎么会知道呢"来回答。这就叫作"见招拆招"，老师先化开，然后转了个身。如果学生认为老师什么都不知道，那么他也就没法再做老师了。所以，王倪转了一个身，把这两记"追风拳"稍微化开之后，说："尽管我不知道，但是，还是让我试着来说一说。"

在读《庄子》的时候，我会很羡慕古人的生活，他们活在一种对似乎无用的知识的追求当中。在很久以前，philosophy——后来被日本人翻译成"哲学"——最大的特点就是追求无用。在古希腊，你问一个人他所追求的东西有什么用，比如你问的是苏格拉底或者柏拉图，他们如果看得起你，就会鄙视你；他们如果看不起你，就会无语，因为他们都不知道该怎样回答这个问题。

有时候，一些人太过于直接地想要答案，想要知道这个东西到底有什么用。我认识很多朋友，他们总是直接问："有什么用呢？"其实，当一个人在研究到底电子和磁力线之间有什么关系、怎样切分、怎样转换，他怎么知道后来会发明出电灯？最开始有人研究点、线、面，他怎么知道这些东西对于后来盖房子，甚至是制造航天飞机有什么用？

其实，一个人和另外一个人在灵魂上的等级差别只在一件事情上，就是他是不是能够每天抽出一些时间，去享受无用或者暂时看不出来有什么用的事情。

如果你有一个朋友，他对你说的每一句话都是有目的的，他每天接触的朋友都是对他有用的——起码在当时他认为是有用的，你一定会觉得他真的很市侩。

我们看一个人享受多少无用的东西，不管是他的朋友圈还是他所做的事情，还是他所读的书，有用的东西所占比例越大，而无用的东西所占比例越小，就说明他在精神上越贫穷。富人——在精神上富裕的人，是无聊得起、无用得起的人。

改变并决定你命运的，实际上都是那些看似没用的事

之前就听说过，美国的谷歌公司经常给员工 20% 左右的时间，让他们去做自己想做的事情，可能不一定和他的本职工作有关。如果你喜欢做这件事情，你就可以去做。现在看来，可能这种无用的时间真的创造出很多产品，也许安卓系统，也许 AlphaGo（智能围棋软件），以及其他各种深度学习，多多少少都来源于曾经有一些不那么追求“有用”的人，仅仅是因为他们想了解这件事情，这是他们感兴趣而去做的。

如果一个女青年每天在淘宝上买的东西都是要让自己显得更有魅力的话，那么她离终极的魅力，就有一道

不可跨越的鸿沟。那些所有对她“有用”的东西，都阻碍了她从一个比较好的女青年变成极其好的女青年。

有很多我们生命当中的贵人，也不是因为你当时觉得他是一个贵人，就去和他交谈攀附，然后他才来帮助你的。

很多年前，小梁在北京广播学院读书。平常，我们上课的教室旁边都会有一个教师休息室。但是，有一天，临时更换教室，旁边没有教师休息室。那个刚刚讲完课的老师一下就愣在那里了，也不知道该怎么办。同学们都各自鸟兽散在外面喝水、抽烟，也许老师走出去抽烟也行，但他好像又不抽烟。于是，他就下来走到同学的椅子上坐着，而我正好起立，准备往外走。刹那间，我内心确实感受到了老师当时的无所适从。于是，我就和这位老师聊了起来了，没想到我们聊得还挺愉快，他知道了我是从广东来的，对什么东西感兴趣……结果一个多月以后，这位老师在课堂上跟同学们说：“同学们，谢谢大家来听我的课。这可能是我人生中在大学讲台上的最后一堂课，我就要离开这里了。”当时，大家都不知道这位老师将要去做什么。后来，听说他作为首批员工参与创建了凤凰卫视。

有一天，当凤凰卫视的管理层在讨论，怎样去找一些既会讲粤语又听话，关键工资要求还低的年轻人，把他们从内地带到中国香港去工作、做主持人。最后，我的那位老师说："我曾经有一个学生，他从广州考来的，会讲粤语，人也很不错！"这样的机缘巧合，使得小梁进入了凤凰卫视。虽然我很少在公开媒体和大家提及此事，但这件事却足足影响了我一生。

当时，那就是一个毫无用处的，仅仅是基于一刹那间自己想和老师聊点儿什么的冲动而做的。我怎么知道那位老师一个月以后就辞职去了凤凰卫视？如果那个时候我就知道的话，我一定天天追着他，跟他表达我的人生理想，展示各种才艺——但我没有。

大家请认真地想一想，改变并决定我们人生命运的事情，都是那些看似没有用的事情，就像啮缺问王倪的这两个问题："你知不知道世界上有什么东西是底层的那个万物共同的东西？你知不知道你不知道什么？"

只有在没有微信刷、没有房子要炒、没有学区房要买、没有大笔的钱可以花、大家都穷得叮当响的年代，才会有一些人去问这些无用的问题，做一些无用的事情。那些不知道学了之后到底有什么用的知识，现在看来可能终将会成为拯救人类的最重要的知识。而那些我们所认识的没有什么用的朋友，我们所做的那些没有什么意义的、仅仅只是让我们觉得快乐的事情，可能最后成为我们最重要的事业。

如果你是一位家长，不要把孩子的时间完全花在你认为有用的事情上，就算再忙，也要挤出一些时间让孩子去发呆，去无聊，去自在地玩耍……

谁知道早年那些疯狂玩游戏的人，如今会变成著名的游戏主播，年收入上千万？他们一年的收入比他们的爸爸、妈妈、爷爷、奶奶、外公、外婆，还有姑妈、姑父以及叔叔、婶婶……所有亲戚过去一年的收入总和还要多得多。你怎么知道当年开发的这些无用的游戏在今天对于你满足自我需求或者消解对生活的恐惧不会有大用？

小梁本来是想花费大量精力来讲整个故事的，没想到在前面两个问题里就突然停住了，你说这样做有什么用？其实，以上讲的这些内容最大的作用就是跟大家分享，让自己变成一个精神富有的人的最有效的方法——做一点儿看似无用的事情。

是什么让我们有了好坏的分别

上一篇讲到啮缺问王倪两个问题:“你知道世界的原始代码——万事万物共同的东西吗?”“你知不知道什么是你不知道的?”对于这两个问题，王倪都说“我怎么知道”!

不过，王倪还是来了一句“虽然我不知道，还是尝试说一说吧”——古代的知识分子都是这样的，先虚晃一枪，去掉你的来势汹汹，然后又不甘心，还是要表达一下。其实，我发现是庄子想说，但又害怕说错。于是，他就借别人之口，说以下都是他听啮缺和王倪这样对话的，而非他自己说的。

庄子高级的地方就在于，他用一种极其聪明的方法来把道理说明白了，反正这个道理也不是他的，所以他让别人来讲也是对的。

于是，王倪就说："何以知道我所称的那个'知'不是所谓的一偏之见？可能我所知道的，正是我所不知道的那部分，我怎么知道我所谓'不知道的那部分'，不是我大彻大悟之后无语下的了了分明呢？"

其实，我们每个人都有过类似的感觉，话一说出来就知道这不是自己想说的那个意思。

然后，王倪又继续用各种例子来回答，阐述他想讲的东西。他说："人们睡在潮湿的地方就腰酸腿疼，甚至半身不遂，但泥鳅也这样吗？泥鳅就睡在那些潮湿的地方，它们就舒服得很。人们趴在树梢上就吓得两腿发抖，猿猴为什么就不抖呢？人们吃家畜的肉，而麋鹿却吃草，蜈蚣吃小蛇，猫头鹰和乌鸦喜欢吃老鼠。那么，对于人、兽、虫、鸟各自而言，自己口味是正常的还是不正常的？猵狙（猿猴的一种，身体长得像猴子的身体，头像狗头）和雌猿猴来做配偶，就是杂交。但是它们怎么就合适、怎么就能交配？你看这些其他动物之间杂交，它们彼此之间就觉得挺合适的，为什么我们觉得不合适？那些古代的美人——毛嫱和骊姬等，当时的人都认为她们是 the most beautiful 女孩，可是为什么鱼见了她们之后就沉入水底，而人见了她们之后，就目不转睛地一直盯着？”

“人们都觉得这些美人很漂亮，为什么鸟要自顾自地飞走，鱼要固执地深入水底？那么，究竟谁知道所谓漂亮美丽的真正标准？”他说，“在我看来，对于自己有利益的，反而对于别人就有了伤害。”

在这里，我来举一个王东岳老师讲的例子。王老师说：“你觉得大便是臭的，对吗？那么，为什么一只苍蝇就觉得它香呢？”其实，这就是说庄子在借王倪的口讲**世界只不过是由于我们在进化过程当中，趋利避害而形成的万幸使然，这导致我们有了好坏的分别。**

活得是好是坏，都只不过是我们的“习惯”的呈现

我们认为一样东西好，其实是因为我们在生物的进化过程当中，简化了对于它好的那些信息。比如，我们小的时候都喜欢吃甜的东西，只不过是因为大部分水果在真正成熟、营养最丰富的时候是甜的。但是，后来就有人根据我们对甜食的偏好，做出了很多人工糖精，根本与营养丰富毫无关系，但我们还是爱吃。所有的好坏都只不过是我们的业力呈现，这个业力太强劲了，它是我们思维的惯性，是我们身体反应的惯性，是我们价值观的惯性，是我们激素分泌的惯性。从这一点上来说，佛陀、庄子和牛顿讨论的都是一个问题。

还记得中学学过的物理学中几个最基本的定律吗?**其中一个定律叫“惯性定律”:一个事物在不受力的时候,会倾向于静止或者匀速前进。**其实,没有绝对的静止,所有的静止都是相对的。换句话来说,一个事物总是倾向于被它过往所受到的那个力牵引,朝着某个方向,按照它自己惯性的角度和方向前进。一只正在地板上滚动的球,它知道自己是在被惯性驱使而滚动着吗?你又怎么知道我们不是那个在地板上滚动、受惯性驱使的球呢?

我们对于惯性的觉察是多么重要!王倪说,因为惯性只是一个存在,所以**我们不能因为这个惯性驱使自己习惯左边,就觉得右边是错的;我们也不能因为惯性让自己产生一种习惯认为这样就是漂亮,就否定别样的漂亮。**

让我们认真想一下,我们现在活在一个怎样荒谬的惯性里吧。在短短不到二十年的时间里,不少国人认为房价会永远涨上去。我老婆经常嘲笑我天天那么折腾,又做这个又做那个,挣的钱全然不及她买一套房子涨得多。每当听她这么说,我总觉得她在打我的脸。我认为根据历史的数据、别国的数据等，房价不应该再涨了。

诚然，过去二十年，我的确是相信谢国忠的（以前摩根士丹利的经济分析师），他总是唱空楼市。相信谢国忠的人都捶胸顿足、万分懊恼；相信任志强老师的人也都捶胸顿足，却异常兴奋。但是，你不能因为这二十年的惯性就认为房价一定会一直涨上去，而认为那些没有买房子的人就错了。

其实，王倪说的就是这个道理——**你怎么知道这些事情一直这样，它就是对的呢？我们习惯这样，这就对呢？**

我们现在活在一些什么样的荒谬的惯性里

让我们来梳理一下，现在存在于大部分国人大脑中的几种奇怪的惯性。

第一，我们都认为房子会涨价。

第二，我们都认为孩子一定要学有用的东西，考上最好的大学，他才会有前途。起码在我所认识的优秀的人、成功的人、快乐的人中，大部分都不是毕业于最好的大学。

第三，我们都认为将来看病会很贵，所以要存很多钱去为以后的看病买单。

你怎么知道不会一夜之间有一个超级机器人出现？它开中医方子，也开西医方子。我们开一次方子只需要支付十元，甚至一百九十九元就可以包年——以前，如果你听一年蒋勋老师、傅佩荣老师或者在喜马拉雅 FM 上其他老师的课，可能需要花费几十万元。而现在，只需要一百九十九元即可。你又怎么知道以后看病不会是这样呢？也许你会认为房价就算跌了，它也是个东西，但你又怎么知道，将来的某天你不会很想把它处理掉呢？也许这套房子会让你后悔终生，白送你都不想要，因为需要交很多物业持有税……

甚至还有很多人在追求很尖的下巴、很细的腿，你又怎么知道也许过几年之后，大家不会喜欢宽宽的下巴、粗粗的腿呢？

所谓抉择，就是我们需要意识到，有些你认为理所当然的“应该”，其实都是惯性，都是不存在的。当我们开始觉察到自己已经被惯性驱使，也觉察到这些都只不过是惯性的时候，你就放下了。如果不放下，你又怎么能拿得起更重要的东西呢？

人活在习惯里面好吗

前面我们讨论过一个关于惯性的话题，何谓惯性？**就是我们已经习惯这样做了——对于符合我们惯性方向的东西，我们就认为它们是对的；对于那些不符合惯性方向的东西，我们就认为是错的。惯性是如此强烈，又无处不在。**

人类的惯性已经深深地扎根在我们的脑海里。

一天，儿子对我说："爸爸，我打坐的时候是闭上眼睛的。"我说："那你看见了什么？"他说："看见了幻影忍者。"他总是看动画片《乐高幻影忍者》。他才看了区区四五十集，就已经满脑子都是幻影忍者了，他连手的动作都是模仿幻影忍者的（左手的大拇指在外面，其余四根手指是蜷着的）。他若有所思地对我说："爸爸，我终于知道为什么幻影忍者的手要设计成那样了。"我说："为什么？"

他说："那样的话，当他们打坐的时候解手印，两手一交叉正好像佛祖那样坐着。"这就是业力，儿子每天都活在他的习惯世界里面，而我们也是这样。

不习惯的状态不一定是错的

言归正传，王倪对啮缺说："我们都活在奇怪的习惯里面，觉察到自己活在习惯里面，就知道自己的'不究竟'。"于是，啮缺就问王倪："师父，既然你不管世间的利害，那么那些至德的人也不知道是非利害吗？"王倪幽幽地说："那些至德的人太神妙了！山林焚烧的时候他们也不觉得热，江河冰冻的时候他们也不觉得冷，那些震破山的大雷和撼动海的大风，也不会让他们感到恐惧。他们能够驾驭云气，乘着日月，游散于四海以外，和大自然的变化合为一体。生死与他们都没有关系，更何况那些世间的好坏利害！"

看到上面这段话的时候，我突然想起了曾经看到的一段催眠的视频。一些人受到深度催眠以后，当催眠师说到他们正在演奏一段非常美妙的音乐，就有的拉琴，有的弹琴，有的敲鼓，有的摇头晃脑。然后，当催眠师说到他们正在演奏摇滚乐，这些人无论穿着短裙、运动服还是西装，都突然站起来摇头晃脑，感觉自己披着长发，再把头发甩来甩去，还挺像那么回事儿，全然不像是假装的。催眠师又说现在他们是钢板，一个人就被直挺挺地放在两个板凳中间，另外一个人就站在他身上踩。我当时真的很担心，因为站上去踩的是一个穿着高跟鞋的女生，她会不会把躺在那里的男生踩伤？

我为什么会想起这些情形？因为我想到大家都认为这些人是被催眠的，是处于昏迷状态的。但是，你又怎么知道，你现在不是被另外一个维度的人看到你正处在被催眠的昏迷状态？

也许一个人通过深度的修行（自我催眠），最后能够达到那种状态：被大火烧到他不觉得热，天寒地冻他不觉得冷，呼呼的风吹着把山都吹破了，他也不觉得害怕，甚至你说他飞起来了，他真的就感觉自己像气球一样被吹起来，恍恍惚惚地产生一种从天空上往下看的感觉。

如果你说现在有人通过各种暗示让别人产生那种感觉叫作“催眠”，那么，古代的时候，有人通过所谓的修行（自我催眠），让自己达到那种状态，你又怎么知道是不可能的？如果你以现在的平常状况是对的来看的话，那就叫作“催眠”。但是，如果以他的状态为标准来看我们的话，那一定是圣人看见凡夫的庸俗。他处在飘飘欲仙的状态里面，而我们每天为房子、朝核问题、通货膨胀、创业等一系列问题伤脑筋。站在那种飘飘欲仙的“圣人”的角度来看，这些问题是不是都不是事儿？

《未来简史》中说道，人的意识是可以通过很多种方式来改变的。你又怎么知道我们在梦里面和在清醒状态时体会到的不是同一种东西？只是不同层面的表达而已。

从某种程度上来说，王倪和啮缺可能体会过一些类似飘飘欲仙的状态，只是我们不要随便地对其进行价值观上的判断。**我们轻易地把我们现在习惯的状态认为是对的，把我们现在不习惯的一切状态都认为是错的，这件事情很值得怀疑。**

这世上总有人
可以看见你看不见的一切

所谓的科学——正常，其实是一个正态分布，95% 的人处在正态分布区间 δ 曲线图的范围之内。在 δ 的 95% 里面我们称之为“合理区间”，各有 2.5% 处于两边。例如，大部分人看到的是红橙黄绿青蓝紫，很少一部分人看到的比我们少。所以，我们充满同情地认为他们是色盲。还有另外 2.5% 的人是处在另外一端的，他们看到的比我们看到的多（既然有看到的比我们看到的少的，一定会有一些比我们看到的多）。

南老也举过一个例子来说明这个问题：“等于我们到了精神病院一看，我经常站在那里傻了，究竟是我的问题？还是他的问题？当精神病人从四面八方围着你的时候，好像我们都有问题，而他们才是正常，分别不清了。”

十年前，儿子对爸爸说：“我看到空调上有两个小人儿！”家里人吓得半死，又烧香又拜佛的，最后还是把房子给卖了。后来，才知道孩子说的“两个小人儿”指的是海尔兄弟。这房子在卖掉十年之后从价值一百万元升为一千三百万元，他爸爸也许一辈子都挣不到那么多钱。

话说回来，**人世间最重要的事情就是，不仅看到有人看到的比你看到的少，还一定要相信一些人看到的比你看到的多，他可以看到你看不到的一切。**

齐物论

如果一个人因为偶然的机会改变了命运，而自己本身却不具备这样的资质，是很危险的。

第十五章

每一件事情的付出和回报，总是要盈亏平衡的

原典

瞿鹊子问乎长梧子曰：『吾闻诸夫子，圣人不从事于务，不就利，不违害，不喜求，不缘道，无谓有谓，有谓无谓，而游乎尘垢之外。夫子以为孟浪之言，而我以为妙道之行也。吾子以为奚若？』

长梧子曰：『是黄帝之所听荧也，而丘也何足以知之！且女亦大早计，见卵而求时夜，见弹而求鸮炙。予尝为女妄言之，女以妄听之。奚旁日月，挟宇宙，为其吻合，置其滑涽，以隶相尊？众人役役，圣人愚芚，参万岁而一成纯。万物尽然，而以是相蕴。予恶乎知说生之非惑邪！予恶乎知恶死之非弱丧而不知归者邪！』

『丽之姬，艾封人之子也。晋国之始得之也，涕泣沾襟。及其至于王所，与王同筐床，食刍豢，而后悔其泣也。予恶乎知夫死者不悔其始之蕲生乎？梦饮酒者，旦而哭泣；梦哭泣者，旦而田猎。方其梦也，不知其梦也。梦之中又占其梦焉，觉而后知其梦也。且有大觉而后知此其大梦也。而愚者自以为觉，窃窃然知之。君乎！牧乎！固哉丘也！与女皆梦也！予谓女梦，亦梦也。是其言也，其名为吊诡。万世之后，而一遇大圣，知其解者，是旦暮遇之也。』

中国文化真的是一门境界的学问，而不是对错的学问

庄子在连续讲了三个故事以后，笔锋一转，又拎出两个人物——瞿鹊子和长梧子做对话。

瞿鹊子跑去问神仙长梧子："我曾经听孔夫子说，圣人不会天天想着到底要干点儿什么，不接近好处，也不害怕坏处，内心没有孜孜以求的感觉，也不会随便攀缘，好像什么也没有说，但好像又什么都说了，好像说了点儿什么，但又好像什么都没说。"

这种圣人"游乎尘垢之外"。"尘垢"就是指尘世，圣人是遨游于尘世之外的。

瞿鹊子说“夫子以为孟浪之言”，也就是说孔夫子认为这些话都是不靠谱的。“而我以为妙道之行也。吾子以为奚若”——瞿鹊子认为这正是大道的体现，并问长梧子对这件事怎么看。

长梧子说：“连黄帝听了这番话也有点儿晕，更何况孔丘呢？但是，你说你认为这是靠谱的事儿，我觉得下定论也太早。”言下之意就是，以瞿鹊子的境界说这事儿靠谱还为时过早，他连说这件事儿是对的境界都没达到。

中国文化真的是一门境界的学问，而不是对错的学问。你“对”不一定显得高级，你“错”也可能是比一般的“对”要更高级一些。

你过去所做的绝大部分事情，有多少是真正有意义的

“圣人不从事于务”是什么意思？**一个圣人不会每天去想到底做点儿什么，也不会每天去想到底不做什么。一想就错了，因为一旦去想就开始陷入“应该”和“不应该”的二元对立当中。**

很多人都会说，我们怎么能不去想是不是该做些什么事情？但是认真想一想，你过去所做的绝大部分事情，有多少是真正有意义的？不管你是被迫做的还是自发努力做的，现在看来可能都没什么意思。

当年，我离开百度的时候，大概做了一个不到一百五十个字的工作总结，就是总结我在百度工作期间都做过哪些事情。比如，我做了“百度一下”“百度更懂中文”，做了百度上市的传播，等等。但后来认真一想，那些被认为是我在百度工作时做的事情，其实只占了我在百度所有时间的 10% 都不到，另外 90% 的事情都是因为在这个岗位上，必须做点儿什么，而做完之后就发现不对又去改，改完之后就发现人不够又去招人，招了人之后就发现人又不对又要去调整……种种折腾。假如今天我再有机会去做一些类似的事情，我觉得也许 80% 的事情我不是不做，我可能连想都不会去想。

过去二十年，如果你只做了 10% 的事，可能大部分时间完全可以让自己处在更逍遥、更舒服的状态，也不会产生结局性的影响，难道不是这样吗？哪些事情是因为你为了要做事情而做的，哪些事情是因为多余的想法、多余的钱而做了多余的事情，你自己能分得清吗？

认真看看高级的人是怎样做事情的还是很有道理的。

高级的人是怎样做事情的：不趋利，不避害，不喜求

圣人“不就利，不违害”，就是指他们不趋利，也不避害。

好事不是追求来的结果。你认真想想，多少好事真的是自己努力的结果呢？最大的好事——你成为一个人，这件事是你追求的结果吗？这是你父亲追求你母亲的结果。对于一个人来说，还有什么事情比让他成为一个人更大的好事？

不避开那些坏事，倒不是不应该去避，而是一些事情你根本就避不了。如果你出生在叙利亚、伊拉克……

有些事情即使依靠你的能力也是避不过的。

还有很多人，他们想要避开所谓的“楼市泡沫”。但是，我们已经活在二十年或者三十年之后可能会描写到的巨大的房地产泡沫当中，你能避得开吗？既然避不开，我们还避什么呢？所以，圣人知道避不开，于是他就不避了。

“不喜求”，就是不在内心里面随便起心动念。心的能量是有限的，无论什么事情你都要追求心想事成，这是很危险的。

有一天，我的一位好朋友在机场传送带旁等行李，他当时就随便发了一个愿——希望第一个被传出来的就是他的行李箱，事实上果然就是他的行李箱。他当时好后悔，想着今天的“积分”已经用完了。

你知道，一个念头发出去后立刻就出现结果，这得需要多少“积分”？就这样被第一个甩出来的行李箱把你的心力给用完了，是多么不划算啊。所以，他后来很小心翼翼地去避免那些没有意义的内心诉求。

这辈子重要的事情，
都不是去努力结交某些朋友而得来的

“不缘道”这句话有不同的解释，其中一种解释是不攀缘。坦白地说，我个人认为这辈子重要的事情，都不是去努力结交某些朋友而得来的。很多人喜欢参加各种派对，总以为可以在那里认识一些有价值的人，然后肯定就能够鲤鱼跳龙门了。

其实，**如果一个人因为偶然的机会改变了命运，而自己本身却不具备这样的资质，是很危险的。**举一个例子，假如让你成为一位网红，你就真的能够承担得起吗？你是否有足够的智慧去面对红了之后所带来的种种困难和危险？

而圣人是可以站在宏观的角度看待世界的，正是因为他知道每一件事情的付出和回报之间总有一种隐隐的盈亏平衡，就像财务报表一样，借方和贷方最终是要平衡的，总有一个数字在平衡这一切。所以，他们不会轻易被好处所诱惑，被坏处所裹挟。

我们除了在口头上说得好一点儿之外，是否真的能做到呢？显然不能。我们明明知道有这种高级的状态而自己就是做不到，该怎么办？没有办法。只不过当你知道你这样做了以后会有那样的结果，就不会那么容易心生怨恨而已。

我们明明知道一个人连续一百天喝酒、吃火锅、吃烧烤是要出问题的，但痛风患者却很难躲过。有一段时间，我也患上痛风，虽然我也后悔，但却没有埋怨——这就是你知道去做和不知道去做之间的区别。

庄子怎样成为一个可以把差不多的道理反复说的人呢？我想只有一个原因，**就是这个世界上重要的道理原来就那么一两个，不反复说，还能说什么？**

你梦过自己做梦吗

上一节，我们聊了一个话题：瞿鹊子去请教长梧子，长梧子说这个道理其实也不复杂，就是之前讲到的，对就是错，错就是对，好坏总是相依的，祸是福的开始，福是祸的开始，有如圆环。

为了说明这个道理，长梧子举了一个例子：丽姬是一位封疆人的女儿。晋国的晋献公要迎娶她，她很悲伤，连衣服都哭湿了——这基本上就是一名文艺女青年要被迫嫁给土豪的故事。她觉得好苦，不能拥有真正的爱情。然而，等她到了晋献公的王宫里，睡在舒适的床上，吃着美味的食物，才开始后悔当时真的不应该那么哭。

庄子举完这个例子后又说他怎么知道死去的人不会后悔当初迫切地求生是对还是不对的，**世间的阴阳转换总是这样，梦里面觉得很悲伤，梦醒之后可能会很开心地去玩。白天很辛苦，也许晚上可以梦见快乐的生活。推而广之，你怎么知道自己的整个人生不是一场大梦？当梦醒后进入另外一种状态的时候，你却不知道应该如何看待之前的那些快乐和不快乐。**

读到这一段的时候，我很诧异。然而，特斯拉的创始人——马斯克说过，我们活在真实世界里面的概率是千万分之一。也许这个人是明白道理的，他知道我们只不过是活在一段又一段的梦里面。

正如南老讲过的："庄子说，人生就是一个大梦，醒的时候是做白日梦，睡觉的时候是做黑夜梦，两个梦的现象不同，但做梦是一样的。"

我们白天做事，晚上做梦，这都只不过是梦里面的事情和梦里面的梦，你梦过自己做梦吗？如果你意识到你做的梦是梦，恭喜你，你已经成为一个觉知者。

在中国古代，道家总是有一门甚深的学问，就是到梦里面去观察自己快乐还是不快乐，觉察自己有没有通过睡觉来扩展出对于整个人生大梦的洞察。这真是一件让人感到诧异的事情。古时候的人怎么有可能知道整个世界只不过是一个投影呢？就像在晚上，我们所有感受投射在脑海里幻化出的种种幻想。

我有一种深深的绝望。如果真的是这样的话，那么我们每天为这些事情去烦恼、纠结，又有什么意义呢？我认为一个人年轻的时候真的不应该随便读《庄子》，太早醒的话就会导致很多好玩的事情没法去做。

千万不要在梦醒的时候
发现自己还在热身

如果我们确信自己活在一段长长的梦里面，那么我们应该怎么办？**如果你不想马上从梦里醒来，你就应该学会在梦里面创造属于自己的梦境，试着享受这个梦里面所有的悲欢离合，甚至试着在梦里面按照自己的意志去重新组织一个梦，这就是所谓的“孵梦”。**

很多人说自己睡不好觉，我觉得有一个原因，就是他们没有好好地去试着锻炼自己，不具备在梦里面重新组织梦的能力，因而很难享受组织自己的梦的快乐。

我听说一个老师可以帮着人们试着去架构自己的梦，从这件事情上来说，可能我们每一个人都有一种潜在的能力，就是你是自己人生梦境的首席架构师，这是有方法可循的，经过训练就可以做到。如果你每天晚上在做梦之前都暗暗告诉自己：我今天晚上要做一个这样的梦。如果你每天在梦里面觉察到自己是在做梦之后，开始去按照自己的想法组织这种行为，你可能就开始真正体会到人生的快乐。

我的一位制片人朋友说，有一天他梦见自己和一个女孩儿在一起。当时，他在梦里面意识到自己已经结婚了，但他又意识到自己是在梦里面。他便对自己说，太棒了，这是在梦里面，那就放开手脚吧！

后来，我问他："你在梦里是怎么放开手脚的？"他说："我伸了一个懒腰，和这个我所喜欢的女孩儿一起在做扩胸运动，我们深深地呼吸。"我说："然后呢？"他说："然后天就亮了，我就醒了。"

在梦里面做扩胸运动，准备放开手脚的时候，梦就醒了，就跟派出所的人来了，电筒一照，一切都亮了一样，时间到了。这就告诉我们，在梦里面动作要快。不要等到被迫梦醒的时候，自己还在做热身运动……

我突然觉得耐克公司的宣传语——Just do it，是多么直指人心，它揭露出世界是一场梦境，并提醒我们必须在梦醒之前把事情做完。

人生就是要无怨无悔。许多人在临终的时候都不曾后悔自己做过什么，而是后悔自己没做什么。我这个制片人朋友的故事让我深深地陷入了思索，**千万不要在梦醒的时候发现自己还在做热身运动。这个故事分享给所有正在做梦、马上要做梦，以及梦快要醒的朋友。**

齐物论

在无穷的范围里，对错、大小，都是没有意义的。

第十六章

越读《庄子》，越发现自己无知得可怕

原典

罔两问景曰：『曩子行，今子止；曩子坐，今子起。何其无特操与？』

景曰：『吾有待而然者邪？吾所待又有待而然者邪？吾待蛇蚹蜩翼邪？恶识所以然？恶识所以不然？』

我们完全有可能是什么东西的“影子”

每次在学习《齐物论》的时候，我都战战兢兢。因为越去探寻《庄子》，尤其是《齐物论》，我就越感到自己的无知有多么可怕。

下面我将要分享两个有意思的故事，一个是罔两问影，一个是庄周梦蝶。在《齐物论》的最后，庄子用这两个故事做了一番意味深长的“总结”。

罔两，就是影子的影子。如果你认真观察的话就会发现，影子也可能是有影子的。很多人认为，影子又不是一个物体，它怎么可能会有影子呢？但是，你映射在镜子里面的影子是可以反射在另外一面镜子里面的吧？

一面镜子可以反映另外一面镜子里面的样子，假设我们认为这个罔两就是影子的影子，某一天，影子的影子通过图灵测试，它突然有了觉知——它自己也不知道为什么会这样，也不知道它会依照着什么在行动。

一天，影子的影子——罔两可能是由于打坐时间够长，突然顿悟了，在菩提树下长吁短叹以后，打开了智慧的天窗。它居然跑去问影子，说："曩子行，今子止；曩子坐，今子起。何其无特操与？"大概的意思就是："刚才你在行走，现在你又停止不动了；刚才你坐着，现在你又站了起来，完全是跟随着你的主人。你到底有没有操守？"

那么，你知道影子会怎样回答影子的影子——罔两对它的质问吗？影子说："我是处在有所依赖的状态吧？我是需要有所跟随的吧？我走，我停，我坐，我站，那不也是跟随着某一个物体在做吗？比如你，就是跟着那个人在走。"

历史上关于"罔两问影"这个故事有很多版本，并有不同的解释。这句话的背后是，影子的影子问影子："你怎么没有操守？"影子说："你怎么知道我所跟随的那个人他自己不是一个影子呢？"

“我不是人，我可能是人工智能”

现代的人类，已经可以做立体投影。在日本，有人就通过三维投影技术，把一个小女孩投射在你的面前。不过只有她的样子，还没有重量和密度。所以，你伸手过去就会发现，它仍然是空的，只不过还是一个影子罢了。但是，人类在理论上已经可以把在这个空间甚至在计算机里面设计出来的人形，投射到地球上的任何一个地方。你怎么知道一个人不是被另外一种方式投射到我们地球上来的呢？有模有样，而且是还能发声、有重量，甚至有气息的更加多维度的被投影之物呢？

如果是这样的话，世界就有意思了。我们就像罔两——影子的影子一样，本质上都差不多。就像有时候，我们会突然怀疑自己是否正在跟随着某种游戏规则自以为是地坐立行走，**我们以为拥有自己的思维，但我们又怎么知道下围棋的超级运算程序 AlphaGo 或者 Master 没有自己的思维呢？起码在下棋的智力上，它们已经超越了地球上 99.9999999% 的人类。而且，它们思维的进化速度可能比人类更快。**

从理论上来说，完全可以把这种下棋的超级应用程序装到一个智能机器人身体里面，它可能长得像某位说话嗲声嗲气的影星，头发可能被梳成中分，皮肤极其娇嫩并充满胶原蛋白的质感，穿着唐朝的服装，身上装着成像发射器，从衣服里面透出阵阵的淡淡幽香，它在你面前轻轻地、没有情绪地用宇宙流的手法跟你下棋，她甚至恍恍惚惚地也觉得自己挺有思想的。

细思极恐，亲爱的读者们，如果你现在躺在床上，你怎么知道自己不是一个被某种远程操控的智能软硬一体化的超级人工智能呢？李开复老师在一次演讲中说过："我不是李开复，我是人工智能。"他可以这样说，你为什么不可以？问题是，庄子是如何感受到这一切的？他怎么想到在现实生活中的我们可以产生影子，同时也可能是 something 的影子呢？

从上无穷多的维次，到下无穷多的可能。一想到这件事情，你就会觉得，生命真的有一点儿无力感。

当把任何一个问题放到无穷大的领域时，我们在有穷世界里面的理解就没有意义了

有一天，王小川同学找我喝茶，他是一个超级学霸。据说，他小时候做数学试卷是不用草稿纸的。他从第一道题往下写，一直往下写，写到最后一题，交卷，永远都是第一名。

他问了我一个问题："自然数和偶数哪个多？"（123456789……都叫自然数，2468……都是偶数）大部分人的直觉回答是，当然是自然数多，明眼人一眼就可以看出来。然而，问题就来了。**任何一个自然数，它都是可以乘以二之后，成为一个偶数。从这个角度上来说，难道不存在着一个偶数比自然数更多的可能吗？**

我默默地看着他，那种深深的绝望——在智商上有一点儿对自己小小的挫败感的绝望。幸好我知道在任何时候保持淡淡的微笑以及微微的沉默是一门艺术。王小川也是这样微笑地看着我，两个人在较量谁的微笑比较持久。后来还是他没有忍住，说：**“其实，当把任何一个问题放到无穷大的领域时，我们在有穷世界里面的理解就没有意义了。因为自然数是无穷大的，所以偶数也是无穷大的。在无穷的范围里，对错、大小，都是没有意义的。”**

美好总是需要用某种特别神奇的方式来结束的

有一次，我儿子在洗澡，我蹲在旁边看着他。突然，他问我一个问题：“爸爸，宇宙的外面是什么？”我说：“你问了一个很好的问题！”我一边点头表示 interesting，一边摇头表示赞叹——这孩子还行，像亲生的。

他接着说：“如果整个宇宙都小到像一粒尘埃那么大，这粒尘埃假如就在我洗澡的时候被冲进下水道，那么这个宇宙里面的、太阳系里面的、地球上面的、中国里面的、我们家里面的我，是多么不重要啊！”（我得求求他，别这么一下子就把这粒尘埃冲到下水道里去了。）

我说："当你在思考这个问题的时候，你已经站在无穷以外了。你刚才问宇宙以外是什么，我现在可以告诉你，叫'外宇宙'。当你站在无穷大以外去思考，哪怕只是从概念上去思考的时候，你都会有一种真正意义上的慈悲和超脱感。那时候你就会对自己说，千万不要把这粒尘埃冲走。"

这种站在整个宇宙的宏观面上，对一粒尘埃里面的、中国里面的、一个小朋友的同情，瞬间让你理解了自大无外、自小无内的境界。

他手上握着淋浴的喷头，愣愣地看着我，我愣愣地看着他。突然，一个声音出现了"怎么还没洗完"——是的，美好总是需要用某种特别神奇的方式来结束的。

你被世界决定着，那是你的业力；
世界被你决定着，那是你的愿力。

第十七章

世界，由你的愿力决定

原典

昔者庄周梦为胡蝶，栩栩然胡蝶也。自喻适志与，不知周也。俄然觉，则蘧蘧然周也。不知周之梦为胡蝶与？胡蝶之梦为周与？周与胡蝶则必有分矣。此之谓物化。

蝴蝶和我，都可能在彼此的梦里

每个人都知道这个故事，庄周梦见自己变成了蝴蝶，觉得挺好的。结果醒来时怅然若失，不知是庄周梦见了蝴蝶，还是庄周是一只蝴蝶的梦。

这个故事，承接上文的“罔两问景”，让我想到一个可能性，在“罔两问景”里面，我们以为自己是另外一个宇宙的投影，我们的影子是我们的投影。罔两是影子的投影，似乎有一种自高向低的可能性。庄周用另一个故事，突然把这个单向度的从上往下的过程打破了——你又怎么知道整个世界不是罔两的影子呢？

在《齐物论》的前半部分有一句话，让我们来复习一下："彼是莫得其偶，谓之道枢。枢始得其环中，以应无穷。"意思是：世界这个道啊，就像圆环一样，无穷无尽，首尾相连，甚至它还可能不是一个简单的环。任何一个中间状态，都有可能是宇宙的本体所投射出来的，同时又是其他人的投影。

我们可以做一个简单的行为艺术实验，比如走进一个上下左右都布满镜子的空间，每一个你所看见的影子，都是其他影子投射出来的：有可能是哈哈镜的影子，在这个影子里面你瘦一点儿，在那个影子里面你胖一点儿；在这个影子里面你长得像个人，在那个影子里面你长得像只蝴蝶；在这个影子里面你是个男人，在另外一个影子里面你是个女人；在这个影子里面你是一个人，在那个影子里面你可能是一棵树……

你相信你是，你就是了

有一天，我看见儿子用汉字加拼音写了《在学校中的 xiuxing》（“修行”这两个汉字他还不会写）。具体内容如下：第一，在合适的时候找一个舒服的地方待着；第二，可以三盘（他可能本来想写的是“可以双盘腿打坐”）；第三，去观察脑子里面浮现出来的影像；第四，根据你的想象去 zuo(“做”字他也不会写)。我问他：“这是谁给你讲的？”他说：“我觉得就应该是这样吧。”

每个孩子可能都具有这样的天赋，希望父母千万不要阻止孩子的“地球”转动，否则，真是可惜。因为大部分父母都不知道他们的孩子拥有多么大的智慧。而这种智慧居然不是靠学习得来的，是本来就存在的——一切都早已具足（具备），像宝石、金刚石那样本自具足的智慧。

如果你能够拥有同情心和觉知力，就会发展出自己智慧的能力。觉知、慈悲、智慧，是本自具足的。

庄子也一定不是借由逻辑、思考以及运算来了解这一切的。曾经有人说，哲学家就是大号的儿童。这话现在听来很高级，他们靠觉察、靠想象，终于了解到世界是彼此之间相互投影的像，而这个事实又创造了一种多维度的、整体的，既真实又虚空的统一的场。

其实，《齐物论》讲的就是这个道理。让我们回到整个故事的开始，“南郭子綦隐机而坐，仰天而嘘，荅焉似丧其耦”。接着，颜成子游问他：“请问师父，什么是天籁？”南郭子綦回答着回答着，就消失了——庄子直接撸起袖子回答了——你没看到吗？后来这个故事是庄子在回答。

你是世界的投影，世界可能也是你的投影。于是，就有了一个非常有意思的推论：**你被世界决定着，那是**

你的业力；世界被你决定着，那是你的愿力。我们在不同的时刻总是讨论这个问题，其实最终业力和愿力是合一的，是齐物的。

庄子在《齐物论》的最后说："必有分矣。此之谓物化。""化"这个字，在《逍遥游》里面的第一个故事就已经讲出来了，鲲鹏互"化"。如果你理解鲲是一个影子，鹏也是一个影子，你就能真正理解彼此转化是多么简单的事情了。

齐物论

万事万物各有不同，但彼此之间又互有联系。

第十八章

为什么庄子应该是获诺贝尔物理学奖的文学家

相隔再远的事物，为什么还能“互通款曲”

不知道大家有没有想过，为什么叫“齐物论”而不叫“整物论”呢？在“整齐”这个词语中，“整”和“齐”有什么不一样？我们都听过“修身，齐家，治国，平天下”这句话，它的意思是希望大家有一个共同的、基本的价值观。

有一位朋友和我说：“如果你能够理解所有事物下面有一个共同的东西，那么你就知道 understand（理解）的真正含义。stand 是一条水平线——标准，understand 就是指水平线——标准以下的那个东西。”所以，《齐物论》讨论的并不是万物要是同一个样子，而是那个导致万物不同的机理。

1982年，在巴黎大学的一个物理实验室里面，科学家发现，在特定的情况下，我们把基本粒子，比如一个正电子和一个负电子（运动速度是光速），同时向相反的方向发射，那么这个正电子与负电子之间分开的速度，竟然两倍于光速。

我们都知道，当一个物体的运动速度超过光速的时候，神奇的事情就会发生——它们在运动的时候，能够彼此互通“款曲”（信息），不管彼此之间的距离多么遥远，它们似乎总是知道对方的运动方式，这体现在当一方受到干扰而改变运动方向的时候，那个在与其相反的方向运动的电子也会改变方向。

此种现象的奇异之处在于，它们之间的通信，几乎不需要时间的间隔。而这恰恰违反了爱因斯坦的理论——没有任何通信的速度能够超过光速。因为一旦超过，就等于打破了时间的界限。

被我们认为无生命的俩电子，竟然也会在彼此距离如此遥远的时候，互通讯息，同时运作，实在是令人难以置信。这个“骇人听闻”的现象令很多物理学家为之深深着迷，他们试图用复杂的方式来解释这个现象。

庄子在《齐物论》里面提出来的就是：万事万物各有不同，但彼此之间又互有联系，到底让它们彼此之间产生差别的原因是什么呢？当代的物理学家也都提出各种理论来解释，为什么相隔那么远的两个电子，互相之间断不了某种联系。

镜子破碎了，
每一块也能照出你全部的影子

让我们放下成见，在事实面前谦逊地坐下来，重新理解什么是“全息照片”。这是一种用激光做的三维立体摄影照片，它在显示形象方面有独特的优点——全息成像，不是物体的形象，而是物体的光波。即使物体已经不存在，但只要照亮这张照片，就能够令原始的物体再现。

影像的立体感，不是全息的唯一独特之处，我们看过那些全息照片，它是立体的而非平面的。更神奇的是，全息照片的每一部分，都包含着整个照片的完整影像。

《齐物论》一开始的时候就说，整体并不是部分的相加，而是每个包含整体的信息的叠加。

例如，你把一根磁铁棒——一边是阴极，一边是阳极——断开之后，马上就变成两小段既有阴极又有阳极的磁铁棒了，这两小段磁铁棒都是整根磁铁棒的全息缩影。

另外，一面镜子碎了以后，每面小的镜子，仍然可以被当作完整的镜子使用，从每面镜子中看到的你，都是一个完整的你的影子。

我们身体里面的每个细胞也都包含着全身的所有信息，所以才可以利用克隆技术将一个细胞复制出一个人——我们不知道地球上究竟有没有克隆人，但我们已经成功地克隆了一只羊。

全息理论给玻姆带来了一个灵感，使他相信：无论基本粒子之间的距离多么遥远，它们都能够保持联系，这并非它们之间来回发射的信号有多么神秘，而是因为它们的分离只是一种幻相。更深层次的原因是，这样的粒子并没有分开，并不是分离的、单独的个体，而是某种更大整体的不同侧面、不同投影的分布。

我们再举一个例子。假如有一天，你来到海洋馆，在一个容纳了千姿百态的鱼类的庞大玻璃水箱面前驻足观赏，你可以一览无余地观看整个水箱里面鱼的情况。但是，工作人员把玻璃外面全部罩上铁皮，只在两个不同的侧面分别开一个小孔，你再通过这两个小孔观察那条离你很近的正在悠然自得游动的硕大鲨鱼，你会有什么样的体验？

从一个孔里，你可以看到一条黑色的尾巴；从另外一个孔里，你可以看到白色的腹部，这两个部分都在移动，并且移动状态在方向和速度上有某种协调和默契，当黑色尾巴摆动的时候，白色腹部也做出了相应的动作。

当鲨鱼游到足够远的时候，它从视觉上变成一条小鱼了，这个时候，你从一个孔里面看到的是水平的游动，而从另外一个孔看到的可能是垂直的游动（前提是，你是在没有先前那些暗示的情况下进行观察的）。很明显，你一定会认为这是两个毫不相关的个体。

当你继续注视这“两条鱼”的时候，你会越发觉察到两者之间有特定的关系。当一条鱼做出某个动作的时候，另外一条鱼也做出某个动作。于是，你得出一个结论，这两条鱼在互相沟通讯息，才能够做出相对应的动作。但事实并非如此，其实并不存在“两条鱼”，而是一条鱼的不同侧面。

这个例子很好地解释了之前提到的两个飞速分开的粒子为什么能够相互传递讯号，并彼此做出改变的原因。其实，它们很可能根本就没有分开过，本来就是一体的。

就如你和我。

"齐物论"，就是"全息宇宙理论"的文学版

传统的科学家总是将某个系统的整体看作由一个个零件组合而成，然后观察它们彼此之间相互作用的结果，事实是：零件的行为由整体组织所操纵。

我们宇宙中的基本粒子并不是分散移动于虚有空间中的，所有粒子都属于超级宇宙，每个粒子都按照超级宇宙设定的各种程序不断运作。看看你的手、你的动作；看看夜读时桌子上亮起的灯，以及脚边的拖鞋，它们似乎是由不同的粒子组成的，但你们无法分割。

下面这段话，完全就是《齐物论》的当代物理学解释：**全息论的核心思想是，宇宙是一个不可分割的各个部分之间相互关联的整体。在这个整体后面，拥有一个被隐藏的次序。它可能决定了地球上一切事物的运行规则，同时每个局部都是那个整体的全息投影。“一沙一宇宙”，说的似乎就是这个道理。**

《庄子·内篇·齐物论》

南郭子綦（qí）隐机而坐，仰天而嘘，荅（tà）焉似丧其耦。颜成子游立侍乎前，曰："何居乎？形固可使如槁木，而心固可使如死灰乎？今之隐机者，非昔之隐机者也。"

子綦曰："偃，不亦善乎，而问之也！今者吾丧我，汝知之乎？女闻人籁而未闻地籁，女闻地籁而未闻天籁夫！"

子游曰："敢问其方。"

子綦曰："夫大块噫气，其名为风，是唯无作，作则万窍怒呺（háo）。而独不闻之翏翏（liáo）乎？山林之畏佳（cuī），大木百围之窍穴，似鼻，似口，似耳，似枅（jī），似圈，似臼，似洼者，似污者。激者、謞（xiào）者、叱者、吸者、叫者、譹者、宎（yǎo）者、咬者。前者唱于而随者唱喁（yú），泠（líng）风则小和，飘风则大和，厉风济则众窍为虚。而独不见之调调之刁刁乎？”

子游曰：“地籁则众窍是已，人籁则比竹是已，敢问天籁？”

子綦曰：“夫吹万不同，而使其自己也。咸其自取，怒者其谁邪？”

大知闲闲，小知间间；大言炎炎，小言詹詹。其寐也魂交，其觉也形开。与接为构，日以心斗。缦者，窖者，密者。小恐惴惴，大恐缦缦。其发若机栝（kuò），其司是非之谓也；其留如诅盟，其守胜之谓也；其杀若秋冬，以言其日消也；其溺之所为之，不可使复之也；其厌也如缄，以言其老洫（xù）也；近死之心，莫使复阳也。喜怒哀乐，虑叹变慹（zhé），姚佚启态，乐出虚，蒸成菌。日夜相代乎前，而莫知其所萌。已乎，已乎！旦暮得此，其所由以生乎！

非彼无我，非我无所取。是亦近矣，而不知其所为使。若有真宰，而特不得其眹。可行已信，而不见其形，有情而无形。

百骸、九窍、六藏（zàng），赅而存焉，吾谁与为亲？汝皆说之乎？其有私焉？如是皆有为臣妾乎？其臣妾不足以相治乎？其递相为君臣乎？其有真君存焉！如求得其情与不得，无益损乎其真。

一受其成形，不亡以待尽。与物相刃相靡，其行尽如驰而莫之能止，不亦悲乎？终身役役而不见其成功，苶（nié）然疲役而不知其所归，可不哀邪！人谓之不死，奚益！其形化，其心与之然，可不谓大哀乎？人之生也，固若是芒乎？其我独芒，而人亦有不芒者乎？

夫随其成心而师之，谁独且无师乎？奚必知代而心自取者有之？愚者与有焉！未成乎心而有是非，是今日适越而昔至也。是以无有为有。无有为有，虽有神禹且不能知，吾独且奈何哉！

夫言非吹也。言者有言，其所言者特未定也。果有言邪？其未尝有言邪？其以为异于鷇（kòu）音，亦有辩乎？其无辩乎？

道恶乎隐而有真伪？言恶乎隐而有是非？道恶乎往而不存？言恶乎存而不可？道隐于小成，言隐于荣华，故有儒墨之是非，以是其所非而非其所是。欲是其所非而非其所是，则莫若以明。

物无非彼，物无非是。自彼则不见，自是则知之。故曰：彼出于是，是亦因彼，彼是方生之说也。虽然，方生方死，方死方生；方可方不可，方不可方可；因是因非，因非因是。是以圣人不由而照之于天，亦因是也。是亦彼也，彼亦是也。彼亦一是非，此亦一是非。果且有彼是乎哉？果且无彼是乎哉？彼是莫得其偶，谓之道枢。枢始得其环中，以应无穷。是亦一无穷，非亦一无穷也。故曰：莫若以明。

以指喻指之非指，不若以非指喻指之非指也；以马喻马之非马，不若以非马喻马之非马也。天地一指也，万物一马也。

可乎可，不可乎不可。道行之而成，物谓之而然。恶乎然？然于然。恶乎不然？不然于不然。物固有所然，物固有所可。无物不然，无物不可。故为是举莛（tíng）与楹（yíng），厉与西施、恢恑（guǐ）憰（jué）怪，道通为一。

其分也，成也；其成也，毁也。凡物无成与毁，复通为一。唯达者知通为一，为是不用而寓诸庸。庸也者，用也；用也者，通也；通也者，得也。适得而几矣。因是已。已而不知其然，谓之道。劳神明为一，而不知其同也，谓之“朝三”。何谓“朝三”？狙（jū）公赋芧（xù），曰：“朝三而暮四”。众狙皆怒。曰：“然则朝四而暮三”。众狙皆悦。名实未亏，而喜怒为用，亦因是也。是以圣人和之以是非，而休乎天钧，是之谓两行。

古之人，其知有所至矣。恶乎至？有以为未始有物者，至矣，尽矣，不可以加矣！其次以为有物矣，而未始有封也。其次以为有封焉，而未始有是非也。是非之彰也，道之所以亏也。道之所以亏，爱之所以成。果且有成与亏乎哉？果且无成与亏乎哉？有成与亏，故昭氏之鼓琴也；无成与亏，故昭氏之不鼓琴也。昭文之鼓琴也，师旷之枝策也，惠子之据梧也，三子之知几乎皆其盛者也，故载之末年。唯其好之也以异于彼，其好之也欲以明之。彼非所明而明之，故以坚白之昧终。而其子又以文之纶终，终身无成。若是而可谓成乎，虽我亦成也；若是而不可谓成乎，物与我无成也。是故滑（gǔ）疑之耀，圣人之所图也。为是不用而寓诸庸，此之谓“以明”。

今且有言于此，不知其与是类乎？其与是不类乎？类与不类，相与为类，则与彼无以异矣。虽然，请尝言之。有始也者，有未始有始也者，有未始有夫未始有始也者。有有也者，有无也者，有未始有无也者，有未始有夫未始有无也者。俄而有无矣，而未知有无之果孰有孰无也。今我则已有谓矣，而未知吾所谓之其果有谓乎，其果无谓乎？

天下莫大于秋毫之末，而大山为小；莫寿于殇（shāng）子，而彭祖为夭。天地与我并生，而万物与我为一。既已为一矣，且得有言乎？既已谓之一矣，且得无言乎？一与言为二，二与一为三。自此以往，巧历不能得，而况其凡乎！故自无适有，以至于三，而况自有适有乎！无适焉，因是已。

夫道未始有封，言未始有常，为是而有畛（zhěn）也。请言其畛。有左有右，有伦有义，有分有辩，有竞有争，此之谓八德。六合之外，圣人存而不论；六合之内，圣人论而不议；春秋经世先王之志，圣人议而不辩。故分也者，有不分也；辩也者，有不辩也。曰：何也？圣人怀之，众人辩之以相示也。故曰：辩也者，有不见也。

夫大道不称，大辩不言，大仁不仁，不廉不嗛（qiān），不勇不忮（zhì）。道昭而不道，言辩而不及，仁常而不成，廉清而不信，勇忮而不成。五者无弃而几向方矣！故知止其所不知，至矣。孰知不言之辩，不道之道？若有能知，此之谓天府。注焉而不满，酌焉而不竭，而不知其所由来，此之谓葆光。

故昔者尧问于舜曰："我欲伐宗、脍、胥敖，南面而不释然。其故何也？"

舜曰："夫三子者，犹存乎蓬艾之间。若不释然，何哉？昔者十日并出，万物皆照，而况德之进乎日者乎！"

啮（niè）缺问乎王倪曰："子知物之所同是乎？"

曰："吾恶乎知之！"

"子知子之所不知邪？"

曰："吾恶乎知之！"

“然则物无知邪？”

曰：“吾恶乎知之！虽然，尝试言之：庸讵（jù）知吾所谓知之非不知邪？庸讵知吾所谓不知之非知邪？且吾尝试问乎女：民湿寝则腰疾偏死，鳅然乎哉？木处则惴栗恂（xún）惧，猨猴然乎哉？三者孰知正处？民食刍豢（chú huàn），麋鹿食荐，蝍蛆（jí jū）甘带，鸱（chī）鸦耆鼠，四者孰知正味？猨猵（biān）狙以为雌，麋与鹿交，鳅与鱼游。毛嫱（qiáng）丽姬，人之所美也；鱼见之深入，鸟见之高飞，麋鹿见之决骤，四者孰知天下之正色哉？自我观之，仁义之端，是非之涂，樊然淆（xiáo）乱，吾恶能知其辩！”

啮缺曰：“子不知利害，则至人固不知利害乎？”

王倪曰：“至人神矣！大泽焚而不能热，河汉冱（hù）而不能寒，疾雷破山、飘风振海而不能惊。若然者，乘云气，骑日月，而游乎四海之外，死生无变于己，而况利害之端乎！”

瞿鹊子问乎长梧子曰：“吾闻诸夫子，圣人不从事于务，不就利，不违害，不喜求，不缘道，无谓有谓，有谓无谓，而游乎尘垢之外。夫子以为孟浪之言，而我以为妙道之行也。吾子以为奚若？”

长梧子曰：“是黄帝之所听荧也，而丘也何足以知之！且女亦大早计，见卵而求时夜，见弹而求鸮（xiāo）

炙。予尝为女妄言之，女以妄听之。奚旁日月，挟宇宙，为其吻合，置其滑涽（hūn），以隶相尊？众人役役，圣人愚芚（chūn），参万岁而一成纯。万物尽然，而以是相蕴。予恶乎知说生之非惑邪！予恶乎知恶死之非弱丧而不知归者邪！

“丽之姬，艾封人之子也。晋国之始得之也，涕泣沾襟。及其至于王所，与王同筐床，食刍豢，而后悔其泣也。予恶乎知夫死者不悔其始之蕲（qí）生乎？梦饮酒者，旦而哭泣；梦哭泣者，旦而田猎。方其梦也，不知其梦也。梦之中又占其梦焉，觉而后知其梦也。且有大觉而后知此其大梦也。而愚者自以为觉，窃窃然知之。君乎！牧乎！固哉丘也！与女皆梦也！予谓女梦，亦梦也。是其言也，其名为吊诡。万世之后，而一遇大圣，知其解者，是旦暮遇之也。

“既使我与若辩矣，若胜我，我不若胜，若果是也，我果非也邪？我胜若，若不吾胜，我果是也，而果非也邪？其或是也，其或非也邪？其俱是也，其俱非也邪？我与若不能相知也，则人固受其黮（dǎn）暗，吾谁使正之？使同乎若者正之，既与若同矣，恶能正之？使同乎我者正之，既同乎我矣，恶能正之？使异乎我与若者正之？既异乎我与若矣，恶能正之？使同乎我与若者正之？既同乎我与若矣，恶能正之？然则我与若与人俱不能相知也，而待彼也邪？”

“何谓和之以天倪？”

曰：“是不是，然不然。是若果是也，则是之异乎不是也亦无辩；然若果然也，则然之异乎不然也亦无辩。化声之相待，若其不相待，和之以天倪，因之以曼衍，所以穷年也。忘年忘义，振于无竟，故寓诸无竟”。

罔两问景曰：“曩（nǎng）子行，今子止；曩子坐，今子起。何其无特操与？”

景曰：“吾有待而然者邪？吾所待又有待而然者邪？吾待蛇蚹（fù）蜩翼邪？恶识所以然？恶识所以不然？”

昔者庄周梦为胡蝶，栩栩然胡蝶也，自喻适志与，不知周也。俄然觉，则蘧（qú）蘧然周也。不知周之梦为胡蝶与？胡蝶之梦为周与？周与胡蝶则必有分矣。此之谓物化。

梁冬

正安康健创始人、正安自在睡觉创始人、冬吴文化创始人。

师承国医大师邓铁涛先生、中医大家李可先生，同时也是中医大师郭生白先生的入室弟子。

《生命·觉者》系列纪录片出品人及访谈人。电台节目《冬吴相对论》、《梁注庄子》、《睡睡平安》，电视节目《国学堂》出品人及主讲人。

出版图书《梁冬说庄子》系列、《处处见生机》、《唐太宗的枕边书——梁言群书治要》、《欢喜》、《无畏》、《黄帝内经》系列、《相信中国》等。

图书在版编目（CIP）数据

梁冬说庄子·齐物论 / 梁冬著. – 广州：广东人民出版社，2018.5（2023.10重印）

ISBN 978-7-218-12728-6

Ⅰ. ①梁…　Ⅱ. ①梁…　Ⅲ. ①道家②《庄子》– 研究

Ⅳ. ①B223.55

中国版本图书馆CIP数据核字（2018）第062958号

LIANG DONG SHUO ZHUANG ZI　QI WU LUN

梁冬说庄子·齐物论

梁冬　著

出 版 人：肖风华

责任编辑：严耀峰　李辉华
责任技编：周　杰　易志华
监　　制：黄　利　万　夏
特约编辑：马　松　谭希彤
营销支持：曹莉丽
装帧设计：紫图装帧

出版发行：广东人民出版社
地　　址：广东省广州市越秀区大沙头四马路10号（邮政编码：510199）
电　　话：(020)85716809(总编室)
传　　真：(020)83289585
网　　址：http: //www.gdpph.com
印　　刷：北京中科印刷有限公司
开　　本：880mm × 1230mm　1/32
印　　张：11.75　　　　　字　数：190千
版　　次：2018年5月第1版
印　　次：2023年10月第5次印刷
定　　价：69.90元

如发现印装质量问题，影响阅读，请与出版社（020-85716849）联系调换。
售书热线：（020）87716172

感谢喜马拉雅建军、小雨、兴仁团队对本书的大力支持

感谢夏、志、思同学对本书的倾情付出